FABIAN KAHL

𝒟er Schatzsucher

Auf der Jagd nach Kunst und Kuriositäten

Eden
BOOKS

Inhalt

Vorwort	7
1. Ratternde Zahnräder	9
Expertentipp: Uhren	13
2. Ultramarinblau	17
Expertentipp: Wohnen mit antiken »Diven«	34
3. Metropole Brandenstein	39
Expertentipp: Dem Handel ein Schnäppchen schlagen	47
4. Wasser in den Schuhen	51
Expertentipp: Antikes Mobiliar	60
5. Weichgespülte Plastikwelt	65
Expertentipp: Augen auf beim Onlinekauf	70
6. Eine Frage der Gewöhnung	73
Expertentipp: Druck durch Drucke	76
7. Ein Pfeil in der Athene	81
Expertentipp: Gemälde	89
8. Zurück in die Realität	93
Expertentipp: Porzellan	98
9. Der Kolibri	103
10. Gelebter Darwinismus	121
Expertentipp: Ist der Handel noch so klein ...	139
11. Die Wüstenblume	143
12. Eingeschmolzener Goldstaub	165
13. Expressiver Komplementärkontrast	179
14. Antike Bomben	199
Nachwort	215
Glossar	217

Vorwort

>»Der Sinn des Lebens liegt in der Suche nach Schönheit.«
>**Oscar Wilde**

Mag sein, dass es spießig klingt, aber mir war die Vorstellung, anhand einer uralten Landkarte, auf der ein rotes Kreuz das Versteck eines verborgenen Schatzes markiert, die Segel zu setzen und auf das offene Meer hinauszufahren, eine meuternde Crew im Nacken und schiffeversenkende Seeungeheuer vor der Nase, immer schon zu gefährlich. Das überlasse ich gern mutigen Abenteurern und waghalsigen Entdeckern. Ich hingegen düse lieber mit dem Auto und einem Navi über offene Landstraßen auf der Suche nach schlummernden Schätzen in den Kellergeschossen oder auf den Dachböden und Antikmärkten der Republik.

Die Menschen, die ich dabei treffe, sind einzigartig und vielseitig, ganz so wie ihre Schätzchen. Ich habe diese Passion, dieses »Schatzsucher-Gen« bereits in meiner Kindheit in mir verspürt. Es ist wie ein Kribbeln in den Händen, ein Zwicken am ganzen Körper, ein Stromschlag, der mich durchzuckt, und schon bin ich elektrisiert. Ein wachsames und prüfendes Auge ist dabei mein wichtigstes Werkzeug und natürlich viel Spaß und Freude an meinem Beruf. Mut, Liebe und Geduld sind unverzichtbare Attribute für eine Reise in die abenteuerlichen

Gefilde der Antikwelt, in denen auch an Land so manches Ungeheuer lauern kann.

Dieses Buch ist eine Einladung für alle antikbegeisterten Abenteurer und Schatzsucher, wie ich einer bin, mir zu folgen, meiner Geschichte zu lauschen und die verborgene Welt der Antiquitäten und Altertümer wieder näher in den Fokus der Moderne zu rücken. Dazu gibt es noch eine Portion nützlicher Tipps und Tricks zum Umgang und zum Handel mit Antiquitäten, resultierend aus meinen persönlichen Erfahrungen.

KAPITEL 1

Ratternde Zahnräder

Ich bin immer gern bei meinen Großeltern zu Gast gewesen. Ihre Wohnung war schlicht eingerichtet. Gelblich beige Helleraumöbel aus den Siebzigern bestimmten das Raumbild. Kristallvasen auf dem Mobiliar und im Fenster warfen bunt schimmernde Prismen an die Wand und sorgten zusammen mit einer Reihe von Bildern im Perlmutteffekt, die Stadtansichten bekannter deutscher Touristenorte zeigten, und einer leicht vergilbten, nach Raumfahrt anmutenden, runden Deckenlampe, welche in den Zeiten des Space-Age das absolute Must-have darstellte, für DDR-nostalgischen Charme. Die Vorhänge waren aus transluzidem Stoff gefertigt, der mit tropfenartig herunterhängenden Schlieren in Weiß, Beige und Braun gemustert war. Die Farbkomposition muss in den Siebzigerjahren *der* Eyecatcher gewesen sein, denn ich finde sie heute noch auf meinen Ankauftouren quer durch Deutschland in so einigen Wohnzimmern. Dazu passend war natürlich, wenn auch in abgeschwächter Form, die Tapete gewählt, was dem Raum jedoch wiederum eine gewisse anheimelnde Homogenität verlieh.

Das Schlafzimmer sah dem Wohnzimmer sehr ähnlich, und die Küche könnte als ein Paradebeispiel der Kriegsgeneration herhalten. Fein säuberlich nach Größe sortierte Emailletöpfe stapelten sich im vielfarbigen Spanplatten-Küchenmobiliar und auf dem gusseisernen Ofen in der Ecke neben der Tür. Der Raum war sehr schmal und für eine Küche eigentlich zu klein. Im Sommer, wenn es draußen brütend heiß war, feuerte Oma dennoch den uralten Herd an, stand mit hochgekrempelten Ärmeln in der Küche, gerade so, als würde sie die Wärme als Einzige nicht tangieren, und kochte für die ganze Familie ein bezauberndes Sonntagsmahl. Meine Großeltern väterlicherseits waren einfache, aber sehr gebildete und vielseitig interessierte Leute. So verwundert es nicht, dass beide im Lehrberuf tätig waren. Sie sparten ihr Vermögen, gaben lieber, als zu nehmen, und schmissen nichts leichtsinnig weg. Alles wurde bis zum Ende geehrt, verwahrt und benutzt. Ging etwas kaputt, reparierte man es. Und nur im größten Notfall wurde eine Neuanschaffung getätigt. Sie waren sozusagen die Ur-Hipster der heute so beliebten Vintage- und Upcycling-Kultur.

Ich kann das nur befürworten. Heutzutage gehen wir mit so viel Unachtsamkeit durch unser Leben. Wir ehren die Dinge, die uns umgeben, nicht mehr in dem Maße, wie es Generationen vor uns getan haben. Alles fliegt schnell und funkensprühend an uns vorbei, zugespamt mit Werbung in grell leuchtender Optik, welche einem ihre vermeintlich wichtigen Botschaften mit spitzen Nägeln in den Kopf zu hämmern versucht. Durch stetig bimmelnde, mit Virtualität und Ablenkung lockende Smartphones und Tablets oberflächlich geworden, nehmen wir unsere Umwelt nur noch wahr, wenn sie uns am Laufen mit gesenktem Blick auf das Handy hindert oder mit gellendem Sirenengeheul an uns vorbeidonnert. Ruhe und Gelassenheit fehlen uns dadurch. Ich merke das deutlich an mir selbst, da ich in beruflicher Hinsicht oft und gern auf diese technischen Neuerungen zugreife und mit den Annehmlichkeiten und der daraus resultierenden Schnelligkeit und Effizienz durchaus zufrieden bin. Das Paradoxon könnte kaum größer sein. Mit schnelllebigen

Mitteln in einer schnelllebigen Zeit betreibe ich einen hektischen Handel mit langsam etablierten, wohldurchdachten und zeitaufwendig hergestellten Dingen vergangener Jahrhunderte.

Doch gerade das ist es, was den Reiz an antiken Dingen ausmacht. Eine Louis-Philippe-Chaiselongue ist nicht nur einfach ein lebloses Möbel, gerade noch dekorativ genug, um in unserer modernisierten Welt einen, wenn auch ungewissen, Platz zu erhalten – nein. Es ist ein Stück gelebter, weit zurückliegender, menschlicher Gedanke. Ein über hundert Jahre alter Ahn vergangenen Zeitgeists. Geschichtsträchtig und erhaben, voll Schönheit und altertümlicher Patina. Und auch oder eher gerade diese Objekte sind es, die einen Wohnraum erst zum Leben erwecken. Ich selbst lebe die Vielfalt in meiner Wohnung. Ich bin weder ein Fan von leblosem Hochglanzpolitur-Mobiliar vom schwedischen Möbelhaus noch von verstaubten Barockbuden, welche ihre abgestandene Raffinesse in die Welt husten. Das richtige Maß zwischen diesen scheinbar konträren Welten zu finden, das ist wahre Ästhetik, durch die ein Wohnraum zu Poesie wird.

Aber zurück zu meinen Großeltern und somit zu den Anfängen meiner Begeisterung für Antikes. In dem kleinen Haus, welches meine Großeltern bewirtschafteten, gab es nicht allzu viele Zimmer. Die wichtigsten habe ich oben bereits beschrieben. Bis auf eines. Das kleine Zimmer rechts neben der Eingangstür. Es war das ehemalige Kinderzimmer meines Vaters. Die Vorhänge waren hier aus unerklärlichen Gründen immer zugezogen und hüllten diesen Raum in geheimnisvolle Schwärze. Nur ein leises Ticken von drinnen her war zu vernehmen. Wie oft lief ich als Kind schnurstracks durch diesen schmalen Raum, um bloß schnell die verhüllenden Tücher vor dem Fenster aufzuziehen und das Tageslicht ins Innere hineinströmen zu sehen. Auch hier prägten Helleraumöbel das Raumbild. Eine Klappcouch rechts, ein kleiner Schreibtisch zu meiner Linken und an der Stirnseite eine mit dekorativen Römergläsern und Kristallvasen ausgestattete Fünfzigerjahre-Schiebeglasvitrine, in welcher Oma Matchboxautos aufbewahrte, mit denen mein Bruder und ich oft spielten. Nun hörte man auch das Ticken laut und deutlich. Über dem Bett hing, aus braunem Holz geschnitzt und mit Ziffern und Zeigern aus Bein verziert, eine Schwarzwälder Kuckucksuhr. Auf dem spitz zulaufenden und mit geschnitzten Weinblättern dekorierten Dachsims saß ein ebenfalls geschnitzter, frech mit den Flügeln schlagender Kuckuck. Das Pendel zierte ein Weinblatt, und die schweren Gewichte waren aus in Form von Pinienzapfen gegossenem Eisen gefertigt. Im Übrigen dürfen Letztere nicht vertauscht werden, da sie unterschiedlich gewichtet sind und eine mechanische Uhr dann nicht richtig läuft. Ich stand oft begeistert vor dieser Uhr. Sie war das wertvollste Stück meiner Großeltern und wurde seit jeher mit Bewunderung und Ehrfurcht betrachtet.

Damals waren solcherlei Dinge sehr gefragt und entsprechend teuer. Heutzutage steht es darum leider etwas anders, aber für mich strahlt diese Uhr, damals wie heute, meine persönliche Verbundenheit zum Antikhandel aus. Oft stand ich als Kind davor und zählte die Minuten und Sekunden bis zur vollen Stunde, erwartungsvoll auf die Klappe unterm Dachsims schauend und auf jede Regung der Zahnräder im Inneren lauschend, bis sich endlich unter dumpfen Geratter die Klappe öffnete und sich der geschnitzte und bemalte Kuckuck mit lautem Ruf hervorschob. »Kuckuck! Kuckuck! Kuckuck!«, rief er in den Raum hinein, zog sich sogleich so schnell, wie er erschienen war, in seine schmale Behausung zurück, die Klappe schloss sich, und zurück blieben das monotone Ticken und Rattern der Zahnräder und ein begeisterter kleiner Junge, der von diesem Schauspiel nicht genug bekommen konnte. Mein Interesse an den Dingen der Vergangenheit war geweckt.

ᴄ︢ Expertentipp: Uhren ᴐ

Ganz grundlegend ist zu sagen, dass es fünf größere Kategorien im Bereich Uhren gibt: Standuhren, Wanduhren, Tisch- und Kaminuhren, Taschenuhren sowie Armbanduhren.

Als erstes sollte man in jedem Falle die Funktionstüchtigkeit der Uhr prüfen. Hierfür muss sie aufgezogen werden, wofür in den meisten Bereichen der Uhrenhistorie ein Schlüssel erforderlich ist. Bei Armband- und Taschenuhren gibt es in vielen Fällen die Möglichkeit, diese mit einer eingebauten Aufzugskrone in Gang zu setzen. Diese Erfindung wurde von der weltweit bekanntesten und hochwertigsten Firma für Uhren, Patek Philippe, eingeführt und veränderte das Tragen von Uhren vollkommen. Die Armbanduhr, wie wir sie heute kennen, wurde dadurch erst möglich gemacht. Wenn eine Uhr »läuft«, so heißt es jedoch nicht, dass sie auch ganggenau ist. Dies zu prüfen sollte man einem Uhrmacher überlassen. Wichtig ist für den Kauf vor allem, dass sie generell funktioniert und sich aufziehen lässt. Bei Standuhren sowie auch für Tisch- und Kaminuhren ist ein Pendel erforderlich.

Zu einer Standuhr gehören außerdem noch Gewichte. Je nach Art des Werkes variiert die Anzahl. Die meisten Standuhren besitzen zwei Gewichte für den grundsätzlichen Gang des Werkes und die tonale Anzeige von Viertel-, halben oder vollen Stunden. Kommt ein drittes Gewicht hinzu, so hat die Uhr einen Glockenschlag. Der wohl berühmteste ist der Westminster-Schlag, also in der Art des in London befindlichen Big Ben. Es gibt noch viele weitere Komplikationen jeglicher Art bei Uhren, wie die Datumsanzeige, die Mondphasenanzeige, Glockenspiele oder weitere bewegliche Spielereien und musikalische Raffinessen. Je mehr Komplikationen ein Uhrwerk hat, desto hochwertiger ist die Uhr einzuschätzen.

Bei Kaminuhren, welche vornehmlich aus der Gründerzeit stammen, ist die Wahl des Materials ein entscheidender Punkt der Wertermittlung. Am aufwendigsten sind die feuervergoldeten Kaminuhren aus Bronze aus dem späten 18., anfänglichen 19. Jahrhundert. Diese Uhren sind leicht an ihrer Fadenaufhängung zu erkennen. Das Pendel wird mittels eines Fadens an der Pendelaufhängung gehalten und bewegt. Die Fadenaufhängung galt als zu ungenau und wurde schnell verworfen. Kaminuhren, die eine andere Halterung besitzen, sind nach 1870 produziert worden. Man fertigte in Frankreich, Belgien und Holland solche Uhren in großer Stückzahl. Es sind Massenprodukte, die am heutigen Kunstmarkt leider häufig zu finden sind. Aber auch hier gilt: Je interessanter und innovativer der Entwurf, desto mehr Geld kann man am Ende erzielen. Gesucht wird, was ausgefallen und selten ist.

Bei Taschenuhren gilt es, nach der Prüfung der Funktion die Marke und das Gehäusematerial zu analysieren. Die Marke steht im besten Fall bereits offensichtlich auf dem Zifferblatt. Sollte dem nicht so sein, findet man die Stempelung meistens auf der Innenseite des Gehäusedeckels. Ebenso dort befindlich ist, neben der jeweiligen Produktionsnummer, ein Hinweis auf das Material. Zumindest, wenn es sich um eine Taschenuhr aus Silber oder Gold handelt, ist dies vermerkt. Man findet mit der Lupe Zahlen wie zum Beispiel eine 800 oder eine 835 für Silber oder eine 585 oder 750 für Gold. Im Goldbereich können auch eine 14 oder 18 oder der Hinweis 14k oder 18k verwendet worden sein. Diese Zahlen sind gleichbedeutend mit 585 (14k) und 750 (18k) und sind ein Hinweis auf die Karatzahl des verwendeten Goldes. Bei der Preisfindung kommt es schlussendlich auf die Marke und

den Materialpreis an. Gefragte Taschen- und Armband-
uhrenmarken sind unter anderem: Patek Philippe, Lange
und Söhne, Jaeger-LeCoultre, Rolex, Breitling, Longines,
Omega sowie Marken aus der Produktionsstätte Glashüt-
te. Sollte auf dem Zifferblatt und dem Deckel kein Hinweis
auf eine Marke vorhanden sein, könnte die Uhr auch eine
Stempelung oder eine Gravur im Werk aufweisen.

Bei Armbanduhren, gerade bei den Luxusuhrenmar-
ken, ist genauestens auf Fälschungen zu achten. Diese
Uhren werden gern nachgeahmt, da ihr Wert in die Zig-
tausende ausufern kann. Daher sollte man beim Kauf einer
solchen Uhr, gerade ohne die originale Box und die zur Uhr
gehörigen Papiere, immer einen Fachmann zu Rate ziehen.
Ich habe mich mit dem Kauf gefälschter Uhren selbst ein
paar Mal in die Nesseln gesetzt. Seither kaufe ich keine
Uhr mehr, ohne sie prüfen zu lassen. Folgende Merkmale
sind Anzeichen für Fälschungen:

1. Firmenstempel und Beschriftungen weisen eine feh-
   lerhafte Schreibweise auf und sind nicht genau zent-
   riert platziert.
2. Die Aufzugskrone lässt sich schwer drehen und rattert
   laut.
3. Metallene Uhrenbänder sind scharfkantig und grob
   gearbeitet.
4. Im angeblichen Gold finden sich grüne oder schwarze
   Stellen (Grünspan durch Kupfer als Untergrundma-
   terial).

In solchen Fällen rate ich von einem schnellen Kauf ab.
Der Gang zum Uhrmacher oder Uhrenhändler sollte die
Fälschung entlarven.

KAPITEL 2

Ultramarinblau

Die Sonne schien an Sommermorgen zwischen den Giebeln unseres Umgebindefachwerkhofes auf den von Weinranken umwundenen Laubengang, während wir Kinder zusammen mit unseren Eltern beim Frühstück saßen. Ich habe einen jüngeren Bruder, mein »kleiner« Bruder, welcher mich mit seinen 21 Jahren schon um einen halben Kopf überholt hat. Ich habe mal gelesen, dass Zweitgeborene ihre älteren Geschwister statistisch häufig an Körpergröße übertrumpfen, aber für mich wird er immer mein kleiner Bruder sein. Ich bin froh, einen Bruder zu haben, denn dadurch hatte ich immer jemanden, der sich mit mir die Zeit auf dem Dorf vertrieb. Ich mochte das Dorfleben. Derzeit wohne ich zwar in Leipzig und kann dem städtischen Treiben durchaus auch etwas abgewinnen, aber die Abgeschiedenheit und das heimische Idyll eines beschaulichen Dorfes hat doch seinen ganz eigenen, fast schon archaischen Charme.

Aufgewachsen bin ich in Oberoppurg, einem kleinen Ort, ringsum von Feldern und Wäldern umgeben und weich gebettet in eine kleine Talsenke, durch die sich schlängelnd ein Bächlein zieht. Meine Eltern, seit jeher leidenschaftliche Denkmalpfleger und mit Herzblut dem Verkauf von Antiquitäten verschrieben, hatten sich hier in einem ruinösen, denkmalgeschützten

Umgebindefachwerkhof niedergelassen und begonnen, diesen wieder zu neuer Blüte zu bringen, was ihnen auch tadellos gelang. Alles wurde liebevoll mit alten Baustoffen restauriert und ausgebessert. Mein Vater achtete mit fast schon pedantischer Akribie darauf, dass alles möglichst nach altem Vorbild und auch traditionell wiederaufgebaut wurde, was zum Beispiel bedeutete, dass zum Verankern von Fachwerkwänden nur Holznägel benutzt wurden oder dass Lehm statt Putz in der Wandgestaltung Verwendung fand. Was das angeht, sind meine Eltern ein wahres Dreamteam. Von wem sonst hätte ich besser all diese Erfahrung und das Gespür für Althergebrachtes mitnehmen können.

Mein Vater war bereits mit zwölf Jahren im Bund für Numismatik der DDR, der sich der Münzkunde verschrieben hatte, und Zeit meines Lebens Antiquitätenhändler. Den Geist des Antiken bekam ich also schon seit meiner Geburt mit, und ich genoss es schon früh, meinem Vater beim Ankaufen und Verhandeln mit Händlern und Privatleuten mit kindlicher Neugier über die Schulter zu schauen. Ein Funke, der sich langsam, aber stetig entfachte.

Unser Hof befand sich zentral in der Dorfmitte, direkt an einem schilfrohrbewachsenen Teich. Es gab unser Wohnhaus und zwei rund umliegende Gebäude sowie das Torhaus mit seinem steil aufsteigenden Giebel, das eine Brücke über eine kleine Gasse bildete. Zwischen Dorfteich und Wohnhaus lag auf einem gemauerten Plateau der liebevoll angelegte, von Wildblumen gesäumte Kräutergarten meiner Mutter, in dem sich im Sommer hunderte Insekten und Schmetterlinge tummelten. Die Sonnenblumen schossen in die Höhe und reckten ihre goldgelben Köpfe übermannshoch in die flirrend heiße, von Schnittlauch und Thymian appetitlich duftende Luft.

Eines Tages, ich war neun Jahre alt und grub gerade ein Loch in einer unbepflanzten Ecke des Gartens, um dort meiner kindlichen Leidenschaft zur Archäologie nachzugehen, rief meine Mutter aus dem geöffneten Küchenfenster: »Fabian? Ach, da bist du. Du gräbst an der falschen Stelle. Hier unterm Fenster musst du schauen. Früher haben die Leute alles direkt von der Küche in den Garten entsorgt. Ich bin mir sicher, du wirst da, neben den Johannisbeeren«, sie deutete, indem sie sich aus dem geöffneten Fenster beugte, mit dem Finger auf eine Vertiefung in der Erde, »auf jeden Fall etwas finden.«

Also machte ich mich an die Arbeit und buddelte an der von meiner Mutter besagten Stelle. Nachdem ich tatsächlich die erste beige-braun glasierte Tonscherbe aus der Erde barg, war ich gänzlich bei der Sache. Stück für Stück hob ich die Erde aus und räumte sie beiseite, um immer mehr verborgene Scherben und Bruchstücke eines Tontopfes zu entdecken. Für mich sahen die Scherben sehr alt aus, vielleicht mittelalterlich. Als ich die letzten Teile des antiken Puzzles gefunden hatte, packte ich alle Scherben aufgeregt in eine Plastikschüssel und wusch sie im Teich sauber. Ich legte sie zum Trocknen im Hof aus und eilte ins Haus, um sogleich mit einer Tube Sekundenkleber zurückzukehren. Stück für Stück setzte ich in dreistündiger Arbeit alle Teile des Tontopfes zusammen. Er war sehr breit und ähnelte in der Form einem Nachttopf mit einem Henkel. Die Außenseite war beigefarben, unglasiert und an der Lippe des Topfes mit drei mahagonifarbenen Streifen verziert. Im Inneren war er dunkelbraun glasiert, und man konnte anhand von ungleichmäßigen Ringen im Boden gut erkennen, dass er in Handarbeit gefertigt worden war. Ich strahlte, als ich die Kante der letzten Scherbe ringsumher mit Kleber bestrich und sie nach kurzem Warten in das gleichförmige Loch des Topfbodens einpasste. Noch nie hatte ich ein vollständiges Relikt aus vergangenen Tagen aus der Erde geborgen. Ich hatte schon so manches Loch in die Erde um unser Haus gegraben und bin dabei auf Scherben aus vergangenen Zeiten gestoßen, aber es waren immer nur Bruchstücke. Nun aber hatte ich wie ein richtiger Archäologe alle Teile zu einem Objekt gefunden und zusammengefügt und blickte mächtig stolz auf mein Tagwerk.

Meine Mutter brüstete sich lachend mit ihrem Spürsinn für antike Grabungsstätten, und mein Vater klärte mich über das Alter des Topfes auf. Er stammte aus der Zeit um 1890 und diente als Gefäß zur Aufbewahrung von Kartoffeln oder Zwiebeln. Er erklärte mir, dass ihn die ehemaligen Hausbesitzer damals achtlos in den Garten geworfen haben müssten und er die Zeit in der Erde vollständig überdauert habe. Erst Jahre später habe ich erfahren, dass mein Vater selbst diesen Tontopf auf einer Haushaltsauflösung gekauft, zerschlagen und vergraben hat, um mir damit eine Freude zu machen. Noch heute erinnere ich mich an diesen Tag, als sei es gestern gewesen.

Ich hatte eine zauberhafte Kindheit. Wir wuchsen praktisch auf einer Dauerbaustelle auf, welche, sobald die eine Aufgabe erledigt war, bereits an anderer Stelle wieder zu rufen begann. Trotzdem fehlte es uns Kindern an nichts. Unsere Eltern waren zwar vielbeschäftigt und wenn ich heute zurückblicke, frage ich mich, wie sie all das damals zu zweit bewältigt haben, aber ich hatte nie das Gefühl, durch die Arbeit und den Hausbau vernachlässigt worden zu sein. Ganz im Gegenteil. Es war sogar sehr aufregend und abenteuerlich, und wir hatten oft Besuch von Nachbarskindern, die kamen, um zu spielen und um auf Entdeckertour zu gehen. Und wenn das nicht möglich war, weil Regentage die kleine Talsenke in verhüllendes Grau tauchten und das Wasser sich im Innenhof zu kleinen Seen aufspülte, welche fast schon eine Verbindung zum nah am Haus fließenden Bach aufnahmen, oder weil der Winter den Schnee vor der Türe einer weißglitzernden Wüste gleich hoch aufbäumte, fanden wir im Haus, besonders in der Stube, von mir auch »Schatzkammer« genannt, da mein Vater hier regelmäßig in reichlicher Zahl seine angekauften Objekte zur Sichtung und Wertschätzung ausbreitete, oder auf dem Dachboden allerhand spannendes und für Kinderaugen fast schon mystisches Gewerk vor, welches den Regen oder die Kälte draußen schnell vergessen machte. Hier sammelte ich, ohne es damals recht zu merken, einen großen Teil meines Erfahrungsschatzes, der mir später zum Kunsthandel verhelfen sollte.

Wenn man als wachsames und an alten Dingen interessiertes Kind in einem solchen Haushalt aufwächst, gibt es zur beruflichen Tendenz nur noch ein Wort zu sagen: Schicksal. Ich hatte schon von klein auf das Gefühl, genau zu wissen, wo es für mich hingeht. Oder anders gesagt, ich hatte nie arge Selbstfindungsängste und Zweifel. Die Richtung war klar vorgegeben. Nicht durch die stählerne Hand eines unliebsamen, seinen eigenen Misserfolg durch die Erfolge seiner Söhne zu kompensieren suchenden Vaters, der mich auf diesen Weg getrimmt hätte, sondern durch eigenes Interesse an der Materie des Kunsthandels und die wohlwollende Unterstützung und Förderung meiner Eltern. Es wird einem oft fast schon zum Vorwurf gemacht, wenn man die gleiche berufliche Richtung anstrebt wie das Elternhaus. Freunde, Verwandte und Bekannte sind der Meinung, immer wieder betonen zu müssen, dass ich eigenständig denken könnte und meinem Vater nicht alles nachplappern bräuchte. Dabei wird immer wieder vergessen, dass Charakterbildung aus Eigeninitiative resultiert, und diese kann man nicht kopieren. Mein Interesse an dem Thema schon von Kindheitstagen an war der Auslöser, mich überhaupt mit diesen Dingen beschäftigen zu wollen. Mein Bruder hingegen, der mit den gleichen Einflüssen in Berührung kam, ist heute mit Herzblut und Gewissenhaftigkeit in der Gastronomie tätig, wo er vollends aufblüht.

Man ist, wer man ist. Von Anfang an. Und ich war und bin schon immer ein antikbegeisterter Mensch. Ich las unheimlich viel, und auch damals schon keine Romane oder Kinderbücher. Diese ließ ich mir eher in Form von Hörbüchern durch den Kopf gehen. Fast ausschließlich vertiefte ich mich in Fachliteratur aus der Hausbibliothek, die mein Vater neben meinem Kinderzimmer eingerichtet hatte. Oft blieb ich stundenlang in dem kleinen, nach abertausenden Bücherseiten und Umschlägen riechenden Zimmer, welches durch seinen ultramarinblauen Anstrich mit in Gold an die Decke gemalten Sternen und einem sichelförmigen Mond eine unendliche Weite ausstrahlte. Hier fanden sich Buchrücken wie *Die Wiener Werkstätte, Symbolismus in der Kunst, Kunst oder Fälschung, Ihre eigene Welt – Frauen in der Kunst, Möbel des Barock und Rokoko, Der Dresdner Zwinger* und unzählige Ausgaben der *Battenberg Antiquitätenkataloge,* die gespickt waren mit Schwarz-weiß-Abbildungen zu Objekten jeglicher Bereiche und deren angenommene Marktwerte in D-Mark angegeben waren. Wie sich herausstellte, war nicht die Hälfte dieser Schätzungen annähernd realitätsnah, aber es verhalf mir schon damals zu einem groben Überblick bezüglich seltener und häufiger Antiquitäten.

Dieses Gespür zu entwickeln dauert seine Zeit. Um etwa auf einem Antikmarkt in einer Fülle von Gegenständen zu erkennen, welches Werk der Kunstgeschichte nun wirklich das Potenzial hat, ein »guter Fang« zu sein, um dann auch in der Verhandlung mit dem Verkäufer einen »guten Deal« aushandeln zu können, braucht es einiges an Übung und Erfahrung. Ich habe das selbst am eigenen Leib erfahren müssen, wenn ich mit meinem Vater über den Antikmarkt lief und er mich immer wieder vor die Aufgabe stellte, an einem bestimmten Stand die älteste oder die wertvollste Antiquität auszuwählen und ihm meine Wahl auch zu begründen. Oftmals wusste ich es nicht, aber auch das sind Erfahrungswerte, an welchen sich nach und nach eine Fachkenntnis herauskristallisiert, die mit einer Intuition und einem Bauchgefühl einhergeht, das unheimlich wichtig für den alltäglichen Handel mit antiken Dingen ist.

Ich kaufe gern auch mal Dinge, von denen ich noch keine genaue Ahnung habe und die daher im Grunde ein unsicheres Geschäft für mich darstellen. Durch diese Objekte werde ich angeregt, mich mit Themen auseinanderzusetzen, die mir vorher so nicht untergekommen wären. Und ehe man sichs versieht, hat man wieder einen Teilbereich des Händlerberufes ergründet und dabei vielleicht sogar einen kleinen Schatz entdeckt oder, wenn nicht das, dann zumindest etwas dazugelernt, auch wenn man dafür etwas Lehrgeld zahlen musste. Das gehört dazu. Ich bin aber froh, dass ich als Kind kein eigenes Geld zur Verfügung hatte. Mein Sparschwein hätte einen Ausflug auf den Trödelmarkt nicht heil überstanden.

Mein Vater unternahm mit uns Kindern auch einige Bildungsausflüge. Den Gedanken an Urlaub gab es bei Familie Kahl kaum. Wenn wir als Familie wegfuhren, dann an die Ostsee oder an die Nordseeküste. Hier sammelte ich von Wasser ausgehöhlte Feuersteine, sogenannte Hühnergötter und Donnerkeile, kleine Fossilien, oder vertrieb mir die Zeit mit Erkundungstouren durchs Watt. Ich hatte meine Hände immer irgendwo im Schlamm und durchkämmte ihn nach Muscheln, Krabben, Krebsen, Schnecken und Würmern, drehte jeden Stein um und suchte in jeder noch so kleinen Wasserlache nach verschiedenartigsten Fischen. Meine Eltern hatten in weiser Voraussicht aus unserer Bibliothek einige Handbücher zur Tier- und Pflanzenbestimmung mitgenommen, und so saß die ganze Familie am Strand oder an einer felsigen Steilküste und grübelte über der Bestimmung der Tierarten, die ich aus dem Wasser fischte. Manche wurden für die Zeit ihrer Bestimmung in Gläser mit Meerwasser gesetzt, damit wir sie durch das Glas beobachten und ihre Zeichnung und die Form ihrer Flossen und Gliedmaßen erkennen konnten. Andere, wie Muscheln oder kleine Krebse, ließen sich schnell bestimmen, und ich brachte sie sofort zurück an die Stelle ihrer Entnahme.

Wenn wir uns nicht am Strand tummelten, machten wir Schlösser und Burgen in der Region ausfindig. Es ist vor allem meinem Vater zu verdanken, dass ich bis zu meinem 15. Lebensjahr so ziemlich alle Burgen und Schlösser Deutschlands, mit ihren Schießscharten, Rüstkammern, Festsälen und Lustgärten besucht habe. An viele erinnere ich mich heute nicht mehr genau, da ich zum Teil noch im Kleinkindalter war. Aber auch diese Besuche bildeten und prägten mein Verständnis für Antiquitäten. In der häuslichen Bibliothek las ich alles über antike Gegenstände, und auf Ausflügen sah ich sie direkt vor mir und durfte, mit Erlaubnis des Museumspersonals, so manches Ausstellungsstück anfassen und es zusammen mit meinem Vater begutachten.

»Schau mal da, der Zinndeckel des Fayencekruges sitzt nicht ganz gerade auf der Lippe. Der Scherben ist leicht uneben und hat viele Einschlüsse. Die merkst du am besten, wenn du mit der Hand drüberfährst«, erklärte er mir und reichte mir den Krug. »Und auch die Glasur ist nicht ganz sauber ausgearbeitet. Das sind alles Indizien für einen originalen Fayencekrug aus der Mitte des Barocks, also aus der Zeit um ...?«, fragte er mich ganz unverhofft.

»1720 bis 40«, antwortete ich belesen und selbstsicher und stellte das museale Objekt nach längerer Betrachtung zurück in die Vitrine.

Als Antikhändler hat man immer diesen Drang, alles zur Prüfung genau unter die Lupe zu nehmen und es dabei am besten direkt in den Händen zu halten. Das kann in Museen jedoch zu kleinen und auch großen Problemen führen. Im Bauhausmuseum in Weimar haben wir das hautnah zu spüren bekommen. Mein Vater hatte ein paar Stunden zuvor von einem Privatmann einen Armlehnstuhl zur Begutachtung bekommen, der behauptete, dieser Sessel stamme aus dem Haus Schulenburg in Gera, welches von keinem Geringeren designt, erbaut und eingerichtet wurde als dem herausragenden Jugendstilkünstler Henry van de Velde. Ich habe unheimlich viel über die Zeit des Jugendstils und die Goldenen Zwanziger gelesen und bin daher unweigerlich auf diesen namhaften Künstler gestoßen. Auch die Villa Schulenburg hatte ich bereits besucht und war von der Innenarchitektur und der Einrichtung begeistert. Der Sessel, der nun bei uns im Wohnzimmer stand und um den die ganze Familie aufgeregt mit allerhand Fachliteratur und Preisregistern umher tänzelte und recherchierte, sollte aus dem Musiksalon stammen und Teil der dort befindlichen Sitzgruppe sein.

»Wenn der original ist, kostet er einige tausend Euro und das Schulenburg Museum hat sicher großes Interesse«, meinte mein Vater aufgeregt. »Das wäre eine Sensation. Aber ich weiß, dass es viele Nachbauten gibt, die zu unterscheiden nicht ganz einfach ist.«

Im Internet fanden wir die besagten Möbel, denen der Stuhl wirklich sehr ähnlich sah, doch leider konnte man keine Details erkennen, was die Feststellung der Originalität unmöglich machte. Der Bezugsstoff des Sessels war geändert worden und statt des originalen hellbeigen und dezent gemusterten von van de Velde entworfenen Bezuges hatte man schändlicherweise einen dunkelbraunen, mit Blumen in Beige und Rot abgesetzten DDR-Bezug überspannt. Man hätte die Hoffnung hegen können, dass der Originalstoff noch unter dem unpassenden Bezug zu finden wäre, doch da dieser sich bereits an einer Seite nach oben zu wölben begann und man so einen Einblick ins Innenleben des Sessels bekam, schwand diese Hoffnung schnell dahin. Diesen Faktor musste man bei der Preisfindung definitiv stark mit einbinden, denn man könnte den Stoff nur noch rekonstruieren, was zum einen teuer wäre, zum anderen aber noch lange nicht vergleichbar ist mit dem Originalbezug. Das Gestell des Sessels war jedoch in einem einwandfrei gepflegten Zustand. Es wies die typische Formensprache van de Veldes auf, der zwar im stark floral geprägten Jugendstil seine einflussreichste Schaffensphase hatte, diese jedoch nie gänzlich nur an die Kopie der Natur anlehnte. Sein Hang zur Abstraktion, zu minimalisierten, naturgegebenen, fließenden Formensprachen machten ihn zu einem Vorreiter des modernen Designs. Bei solch großen Namen ist unbedingt auf die Details und Kleinigkeiten wie Schrauben, Nägel, Holzmaterial, Vernietungen und Zinkungen zu achten.

Leider wurde das Haus Schulenburg in dieser Zeit renoviert und war für die Öffentlichkeit unzugänglich, sodass wir uns die originalen Möbel nicht direkt vor Ort ansehen konnten.

»Hast du Lust auf eine Tour nach Weimar?«, fragte mein Vater, mit dem Oberkörper rücklings unter dem Stuhl verschwunden, um sich die Details anzuschauen und sie zu fotografieren. »Dort gibt es das Bauhausmuseum, und soweit ich weiß, haben die auch Exponate aus dem Jugendstil. Vielleicht ist da auch van de Velde dabei, denn er ist ja der Begründer der Kunstgewerbeschule, dem Vorläufer des Bauhaus.«

Noch ehe er meine Mutter fragen konnte, ob sie dort anrufen und nachfragen könnte, zog ich mir die Nummer aus dem Internet und hielt den Hörer des Telefons ans Ohr.

Eine Dame meldete sich. »Guten Tag, Klassikstiftung Weimar, was kann ich für Sie tun?«

»Ja, hallo, hier ist der Fabian. Ich wollte fragen, ob Sie auch Möbel von Henry van de Velde im Bauhausmuseum haben.«

Die Frau am anderen Ende hörte wohl, dass ich recht jung war, denn ihre Stimme wurde etwas schmeichelnder. »Wir haben einen Schreibtisch und einen Armlehnstuhl von van de Velde in der Ausstellung. Schön, dass du dich dafür interessierst. Wie alt bist du?«

»Ich werde vierzehn im Oktober«, krähte ich wahrheitsgemäß.

»Ach, na siehst du, dann ist der Eintritt für dich sogar frei«, erwiderte die Dame am Telefon erheitert. »Wir freuen uns auf dich.«

»Wiederhören«, sagte ich, legte das Telefon beiseite und klärte meine Eltern auf. »Sie haben einen Armlehnstuhl und einen Schreibtisch. Das sollten wir uns ansehen.«

Keine Stunde später standen mein Vater und ich auf dem sommerlich warmen, großzügigen Platz in Weimars Mitte vor dem pastosen Denkmal zu Schillers und Goethes Ehren, in dessen Hintergrund das Deutsche Nationaltheater mit seinem neoklassizistischen Dreiecksgiebel steil aufragte, in dem ich mir mit meiner Schulklasse, nachdem wir es wochenlang als Buch behandelt hatten, eine moderne Inszenierung von *Kabale und Liebe* angeschaut hatte. Ich habe dieses Werk des Sturm und Drang damals verschlungen und scheute mich nicht davor, mich im Anschluss daran in weitere Werke Schillers zu vertiefen. Ich las *Die Räuber, Maria Stuart* und *Wilhelm Tell* praktisch binnen einer Woche. Das »Klassische-Literatur-Fieber« hatte mich gepackt und so schrieb ich mit vierzehn Jahren in dem gleichen Stil ein Theaterstück über die Pest in Europa, welches jedoch bis heute unvollendet zusammen mit einigen lyrischen Texten im Stil Johannes Bobrowskis in irgendeiner Möbelschublade auf dem Dachboden unseres Schlosses liegt. Ich habe vieles angefangen, doch so richtig intensiv beschäftigt hat mich die Kunst selbst nie. Ich finde bis heute die Vielseitigkeit des Kunsthandels spannender als das eigentliche Schaffen der Kunst.

Zu meiner Rechten erstreckte sich das frisch sanierte Wittumspalais, an dessen linker Flanke sich, mit ein wenig Abstand durch einige hochgewachsene Bäume, der schmale und relativ flache Bau des ehemaligen Kulissenhauses zu Weimar erstreckte, in dem nun das Bauhausmuseum und die Ausstellung zur Kunstgewerbeschule Platz fanden. Ich konnte es kaum erwarten, die »heiligen Hallen« zu betreten, hatte ich doch so vieles über van de Velde und die Bauhausschule Dessau gelesen. Nun stand ich plötzlich vor den Originalen dieser Zeit. Hier betrachtete ich Mobiliar vom Bauhausgründer Walter Gropius, den berühmten »Barcelona Chair« von Mies van der Rohe, Marianne Brandts Tischgedecke und die Wandmalereien Oskar Schlemmers und Paul Klees. Ich untersuchte, so gut es in einem Museum möglich war, jedes Objekt auf seine Eigenheiten, betrachtete jede Verschraubung und jeden Lackfarbton, hielt Ausschau nach rostigen Stellen bei Marcel Breuers Stahlrohrmöbeln zur Altersbestimmung und merkte mir die Beschaffenheit der blätternden Farbe der Lampen Wilhelm Wagenfelds.

In einem Raum am Ende der Ausstellung wurde retrospektiv die Kunstgewerbeschule behandelt. Hier fanden sich einige Werke van de Veldes, darunter der besagte Armlehnstuhl. Mein Vater zückte sogleich seine Kamera und fotografierte den Sessel von allen Seiten.

»Ich werde jetzt mal unter den Stuhl kriechen und mir die Schrauben und das Gestell anschauen. Pass auf, dass niemand kommt.«

Ich zog ihn am Arm, als er sich gerade unter der Absperrung hindurch schlängeln wollte, und deutete auf die Museumsaufseherin an der Tür am anderen Ende des Raumes. Sie bemerkte uns nicht, denn ihr Blick war auf das Nebenzimmer gerichtet.

Nach einer kleinen Weile verschwand sie im Raum nebenan und ließ uns einen Moment unbeaufsichtigt. Man rechnet ja auch nicht alle Tage damit, das waghalsige Antiquitätenhändler beim Museumsbesuch auf Tuchfühlung mit den Exponaten gehen wollen. Kaum war ihr Kopf in der Tür verschwunden, schlüpfte mein Vater im Eiltempo unter der Absperrung hindurch, ungeachtet eines eventuell ausgelösten Alarms, legte sich rücklings mit der Kamera im Anschlag unter den van-de-Velde-Stuhl und fotografierte wild drauflos. Ich stand in der Mitte des Raumes, von wo ich die beiden Eingangstüren im Blick hatte, und hielt angestrengt und ein wenig ängstlich Ausschau nach dem Museumspersonal. Die Sekunden schienen zu schleichen, und ich hatte das Gefühl, eine halbe Ewigkeit dort zu stehen, während mein Vater in aller Seelenruhe seine Bilder schoss. Er fotografierte den Stuhl von allen Seiten, Nägel, Schrauben, Zinkungen, Bezugsstoff, Nieten, Schnitzereien und Polsterung. Schließlich kroch er noch unter den Schreibtisch und fing an, diesen ebenfalls zu fotografieren. Mein Vater lag, die eine Hand mit der Kamera unter dem Schreibtisch verschwindend, bäuchlings auf dem Boden und fotografierte blind mit Blitz die Unterseite des Möbelbodens. Der ganze Raum blitzte und flackerte hell auf, und das Geräusch des Blitzes hallte durch die Museumsgänge. In diesem Moment trat die Museumsangestellte entgeisterten Blickes zu uns. Ich zuckte zusammen. In der Aufregung hatte ich sie nicht kommen sehen.

»Können Sie mir verraten, was Sie hier treiben? Treten Sie sofort hinter die Absperrung!«, schnaubte sie entrüstet.

Mein Vater versuchte, die junge Dame zu beschwichtigen, was sich in dieser Situation leider als sehr schwierig erwies, und so dauerte es keine zwei Minuten, bis der herbeigerufene Museumsdirektor ein einjähriges Hausverbot verhängte und uns des Gebäudes verwies.

»Puh, das ging ja ordentlich schief«, lachte mein Vater, als sich die schaulustige Menschenmenge hinter uns wieder ihrem Museumsrundgang widmete und wir uns unweit des Eingangs im schützenden Schatten weit ausladender Platanen auf einer Bank niederließen. »Aber auch das gehört zum Job. Jetzt haben wir die Bilder, die wir brauchen.«

Er schaltete die Kamera ein und sichtete im Schnelldurchlauf die Fotos. »Perfekt. Komm, wir holen uns ein Eis.« Und mit zwei cremigen Kugeln Stracciatella in einer dickwandigen, braungebrannten Waffel in der Hand saß ich zufrieden auf dem Beifahrersitz und genoss bei geöffnetem Fenster die Sommersonne, die durch die Windschutzscheibe auf mich einströmte.

Zuhause verglichen wir die Fotografien mit dem Sessel im Wohnzimmer und stellten schnell fest, dass einige Indizien dafürsprachen, dass es sich um eine Fälschung handelte. Die Schnitzereien waren nicht so ausgewogen komponiert und ausgearbeitet, wie man es sich bei einem so namhaften Künstler wünscht und erwartet. Auch die Polsterung und die Beschaffenheit der Federung im Stuhl waren von gröberer Art als bei dem Stuhl im Museum. Hinzu kam die unsauber ausgeführte Zinkung der Beine. Nach längerem Überlegen und Vergleichen mussten wir leider einsehen, dass es nicht der erhoffte »große Fang« war. Aber auch wenn das Endergebnis ernüchternd ausfiel, bringt einen Händler eine solche Erfahrung immer voran, denn es ist unheimlich wichtig zu erkennen, ob es sich bei einem antiken Objekt um einen Nachbau oder ein Original handelt. So etwas lehren einen nur die Erfahrung und die Zeit. Wichtig ist dabei, dass man keine voreiligen Zahlungen tätigt. Diese müssen wohlüberlegt sein, sonst zerrinnt das Geld schneller in den Händen, als man es verdient.

Um diesen Erfahrungsschatz zu erlangen, habe ich Jahre gebraucht. Das wird mir erst heute richtig bewusst, aber im

Grunde war mein ganzes Leben, neben Schule, Freizeit und Spaß, auch in gewisser Weise ein intensives Studium der Kunstgeschichte und des Handels. Ich bin glücklicherweise damit aufgewachsen, und so ging es mir in Fleisch und Blut über. Heute lerne ich jeden Tag dazu und intensiviere mein Gespür für die Dinge der alten Zeit. Dass ich bereits in frühen Kindheitstagen die unterschiedlichsten antiken Objekte in den Händen gehalten habe und sie nicht nur durch die gläsernen Scheiben einer Museumslandschaft hindurch betrachten konnte, bildete mein Verständnis für diese Dinge. Nichtsdestotrotz kommt man um Museumsbesuche nicht herum. Diese sind sehr wichtig, denn sie bieten eine Vielzahl an Objekten innerhalb einer bestimmten Zeitepoche oder eines individuellen Themas.

Das Besuchen von Burgen und Schlössern bereitete mir immer schon sehr viel Freude. In Potsdam und Berlin gibt es besonders viel zu sehen, und so unternahmen wir regelmäßige Bildungsausflüge in diese Richtung, die so manches Mal in einer regelrechten Museumsjagd ausarteten. Einmal hatten wir uns vorgenommen, Schloss Sanssouci und den umliegenden Park anzusehen. Das in Potsdam gelegene Schlösschen ist neben Schloss Solitude in Stuttgart mein Lieblingsbau des Rokokos. Es hat schon etwas sehr Imposantes, wenn man vom Lustgarten Friedrich des Großen über die sechs weit geschwungenen Treppen mit anliegenden Sonnenterrassen die oberste Terrasse erreicht und sich vor einem der langgestreckte, mit einer Vielzahl von männlichen wie auch weiblichen Karyatiden aus der Werkstatt Friedrich Christian Glumes versehenen Parterreprachtbau des Rokokos erstreckt. Die große, mittig gelegene Kuppel aus türkisschimmerndem, sich von der gelben Farbgestaltung der Wände wie die karibische See an einem tropisch heißen Sommertag absetzendem oxidiertem Kupfer wölbt sich triumphal gen Himmel. Umflattert von unzähligen vielfältig bunten Schmetterlingen, die im Garten die reichlich in voller Blüte stehenden Rosen und Lilien nach Nektar absuchen, erstrahlt das Schloss des »Alten Fritz« bis heute prunkvoll in Potsdams Schlösserlandschaft. Mich zog es mit seinem Musikzimmer, der großen Bibliothek und der phänomenalen in weißem Carrara-Marmor und prunkvoller Vergoldung gestalteten Kuppelhalle in seinem Bann. Ich konnte mich nicht sattsehen an den unzähligen Statuen und Statuetten, die im ganzen Schloss untergebracht waren, und an der Vielzahl der schönsten Rauminterieurs, die Deutschland zu bieten hat. Auch einige Möbel aus der Werkstatt Abraham Roentgens, des berühmtesten Möbelbauers des Rokokos, fanden sich hier, und mir stockte bei dieser Qualität und Raffinesse der Atem. Bildschwanger und überladen mit Eindrücken trat ich wieder ins Freie.

Der Tag war noch jung, und so beschlossen wir, in die nebenan gelegene Bildergalerie zu gehen. Im Schnelldurchlauf durchkämmten wir den langgestreckten, reichlich verzierten Raum dieser eindrucksvollen Halle. Rahmen an Rahmen und Bild an Bild hingen hier zweireihig altmeisterliche Gemälde jeglicher Art, darunter ausgewählte Namen wie Caravaggio, van Dyck, Rubens und Jordaens, wobei sie angesichts der effektvollen und prächtigen Innenarchitektur fast unterzugehen schienen. In Nebenräumen drängten sich an den Wänden weitere Gemälde des 17. und 18. Jahrhunderts eng zusammen. Wo eine Nische blieb, duckten sich Figuren aus Marmor, Holz und Elfenbein hinein. Es ist ein imposantes Schauspiel, für meinen Geschmack jedoch viel zu überladen. Man wird förmlich erschlagen und ist schon bald nicht mehr in der Lage, alle Feinheiten der exquisiten Gemälde in sich aufzunehmen. Taumelnd traten wir über die Schwelle der großen Halle wieder in den zart duftenden Lustgarten. Ein Spaziergang in der wohligen Sonne tat Not. Wir liefen über die Schotterwege vorbei an der

Neptungrotte, der Weinbergterrasse, den Neuen Kammern und der eigenartig platzierten Mühle hin zum bezaubernden Chinesischen Teehaus, das aufgrund von Bauarbeiten leider geschlossen war, und sprachen über die bisherigen Eindrücke.

Ich hielt kurz inne. »Riecht es hier verbrannt?«, fragte ich verdutzt. »Riecht irgendwie nach fackelndem Harz«, fuhr ich fort, während ich richtungsriechend um das Teehaus schlich. An einer Fichte unweit des Hauses stiegen dicke blaugraue Rauchschwaden vom Boden auf und verflogen in der brütenden Hitze der nun senkrecht stehenden Mittagssonne.

»Hier brennt was!«, rief ich meinem Vater aufgeregt zu. Beim Näherkommen konnte man große, kohlenschwarze, an den Rändern feurig rotglühende Löcher erkennen, die sich tief in die ringsum liegenden beige-braunen Fichtennadeln gefressen hatten. Stellenweise tänzelten kleine funkensprühende Feuerzungen auf und ab und entflammten knisternd neue Feuerherde. Wir zögerten nicht lang und traten die vereinzelten Feuer aus. Kaum auszumalen, was passiert wäre, wenn wir das nicht gesehen hätten. Ein Feuer so nah am Teehaus. Den Verursacher des Brandes konnten wir nicht ausfindig machen, aber sicher war es ein achtlos in den Park geworfener Glimmstängel einer Zigarette, so wie sie hier zuhauf lagen. Wir verblieben noch eine Viertelstunde an der Stelle, um sicherzugehen, dass nun auch der letzte noch so kleine Feuerherd erloschen war, und traten schließlich wieder auf den geschotterten Weg.

Am Neuen Palais hatte uns das Museumsfieber wieder gepackt, und wir schauten uns an diesem Tag nicht nur das Palais, sondern auch noch das Orangerieschloss, Schloss Charlottenburg, Schloss Oranienburg, die Spandauer Zitadelle, das Italienische Dorf, Schloss Glienicke, das Babelsberger Schloss, Schloss Köpenick und weitere in der Umgebung liegende Herrenhäuser an. Zum Bersten voll mit Eindrücken aus Kunst und Kultur und sterbensmüde kamen wir spät abends wieder in Oberoppurg an. Diese Ausflüge und das Lernen um den Umgang mit der Kunst im Jugendalter haben mein Verständnis für die Dinge der alten Zeit schon früh nachhaltig geprägt, und ich bekam mit zunehmendem Alter immer mehr Einblicke in die Welt des Kunsthandels.

ℰ‿ Expertentipp: Wohnen mit antiken »Diven« ‿℘

Antiquitäten sind charaktervolle Objekte. Wer mit ihnen leben möchte, muss auf gewisse Dinge achten.

1. Antikes Mobiliar kennt keine exakten rechten Winkel
Meine Wohnung ist, wie nicht anders zu erwarten, antik eingerichtet. In der Küche beherrschen Siebzigerjahre-Vintage-Möbel den Raum. Im Atelier- und Arbeitszimmer stehen eine moderne Schlafcouch für Gäste und ein größeres Eck-Aquarium in Holz- und Messingoptik neben einer nach innen gewölbten dreischübigen Barockkommode, Nussbaum furniert und mit verschiedenen Hölzern intarsiert. Am Treppenaufgang hängt ein neogotischer Madonnenbaldachin in Blau, Rot und Gold. Das Wohnzimmer wird bestimmt von einer großen modernen Couch in Weinrot. Ihr gegenüber steht ein altes Fernsehschränkchen mit durch Buchrücken verblendeten Türen und ein Mahagonivertiko aus dem Jugendstil mit verspiegeltem Aufsatz. Ein Klavier und ein Bücherschrank stehen neben anderen Kleinantiquitäten im Zimmer verstreut. Das Schlafzimmer ist mit neuem Mobiliar bestückt.

Der Bücherschrank in meinem Wohnzimmer ist ein Paradebeispiel dafür, wie krumm und schief Antiquitäten sein können. Ich musste mehrere kleine Keile unter ihn schieben, um ihn halbwegs ins Lot zu bringen. Der Eichenschrank hatte sich über die Jahre sehr verzogen, aber ich kann damit leben, ja, ich liebe das sogar. Die neuen Einrichtungshaus-Wohnkonzepte wirken auf mich nur abschreckend steril und leblos. Antiquitäten sind eigenwillig und machen einen Raum sogleich lebendig.

2. Antiquitäten sind in den seltensten Fällen hochglanzpoliert

Wer mit Antiquitäten leben möchte, darf nicht erwarten, dass diese im eingeschweißten Karton mit Bauanleitung und ohne ein Stäubchen oder kratzerfrei nach Hause geliefert werden. Ganz im Gegenteil. Die meisten Möbel sind an den Stellen, die oft gebraucht wurden, leicht zerkratzt, und die Politur ist entweder durch Sonneneinstrahlung verblasst, über die Jahre ins Holz eingezogen oder einfach durch den Gebrauch abgenutzt. Mit Möbelpolitur, die es in jeder Farbvariation der jeweiligen Hölzer im Baumarkt zu kaufen gibt, können die Farben aufgefrischt und die gröbsten Kratzer beseitigt werden. Soll ein Stück doch wieder auf Hochglanz poliert werden, würde ich einen Restaurator zu Rate ziehen.

3. Fehlende Teile sind fast schon ein Muss

Ich habe einige Dinge in meiner Wohnung, an denen bereits Teile abgebrochen, angeleimt oder fehlend sind. Mein Vertiko hat aus Holz geschnitzte geometrische Verzierungen, welche über das Glas der Türen gespannt sind. An zwei Stellen sind diese Schnitzereien gebrochen. Damit kann ich leben. An meinem Bücherschrank fehlt am Boden ein Drittel einer Seitenwand. Ich habe ihn so im Raum platziert, dass es nicht auffällt. Mein neogotischer Baldachin weist an seinem filigranen Schnitzwerk einige fehlende Ornamente

auf. Es schlägt sich jedoch nicht eklatant auf das Gesamtbild und die Symmetrie des Objekts nieder. Also schaue ich
darüber hinweg. Der Recyclinggedanke zählt in meinem
Verständnis eines Wohnraumes mehr als die eigene Ästhetik. Das heißt nicht, dass man sich mit völlig kaputten und
gebrochenen Dingen einrichten sollte, nur um sich antik zu
möblieren. Aber wer ein Faible für Antiquitäten hat, wird
nicht darum herumkommen, das eine oder andere Mal ein
»Auge zuzukneifen«.

4. Quietschen und Scharren von Schubladen und Türen
gehören zum »Wohnraumkonzert«

Das Bedienen von Antiquitäten ist in manchen Fällen
schwieriger, als man annimmt. Es gibt kaum ein Möbelstück, bei welchem die Türen ganz schließen und Schub-
kästen beim Rausziehen und Reinschieben keinen Laut
von sich geben. So manches Mal kommt man sich vor, als
bespiele man uralte Instrumente, die über die Jahrhunderte ihren eigenwilligen Sound bekommen haben und nun
bei jeder Bewegung ihre altertümlichen Mythen und Geschichten erzählen.

5. Es ist oft günstiger, als man denkt

Wenn man weiß, wo man suchen muss, kann man sich
mit ein wenig Verhandlungsgeschick auf Flohmärkten
und Antikmessen für ein angemessenes Preis-Leistungs-
Verhältnis einrichten. Antikes Mobiliar ist immer aus
Echtholz gefertigt, welches heutzutage als ein absolutes
Qualitätsmerkmal gilt und die Preise bei Wohnungsein-
richtern in die Höhe schießen lässt. Die Materialien sind
penibel verarbeitet. Schnitzereien und Verzierungen sind
oft einfach als selbstverständlich im Preis inbegriffen, und

auch edle Materialien wie Ebenholz, Vogelaugenahorn, Messing oder Elfenbein sind in manche Möbel inkludiert und schlagen sich kaum auf den Wert des Stücks nieder. Und das Beste: Alle Preise sind verhandelbar und nicht starr festgeschrieben wie bei Neuware in Möbelhäusern. Auf Tipps und Tricks zum Verhandeln auf dem Flohmarkt gehe ich später noch ausführlich ein.

KAPITEL 3

Metropole Brandenstein

Auch die schönste Kindheit muss man irgendwann hinter sich lassen. Ich ging zur Schule, machte einige Praktika in der Möbelrestauration, bei denen ich jedoch schnell merkte, dass mir das Handwerk nicht so sehr lag wie erhofft, absolvierte meinen Realschulabschluss in der zehnten Klasse mit gutem Ergebnis und begann ein Fachabitur im Bereich Gestaltung und Design.

Zu dieser Zeit wollte ich selbst freischaffend künstlerisch tätig sein. Schon früh begeisterte ich mich für die Malerei eines William Turners, die Bildhauerei eines Tilman Riemenschneiders oder auch die literarische Raffinesse eines Johannes Bobrowskis. Prägend für mich war van Gogh. Ihn verehre ich nach wie vor. Im Van Gogh Museum in Amsterdam stand ich regungslos vor Ehrfurcht vor seinen Werken, welche mit emotionsgeladenem Pinselstrich den von ihm empfundenen Weltschmerz in einem Meer aus bildgewordener, pastoser Farbe einfangen, fast schon fesseln und in das Antlitz dessen zu schauen versucht sind, was die Realität uns nicht näherbringen kann. Seine Bilder sind Ausdruck ehrlicher und unverblümter Empfindung.

Die Auseinandersetzung mit den künstlerischen Zeitzeugnissen der Vergangenheit hatte für mich oberste Priorität. Viele

Museumsaufenthalte, genaues Betrachten antiker Exponate und das Blättern in Bergen von Fachliteratur zu jedem Thema der Literatur-, Kunst- und Antiquitätenhistorie prägten mein Verständnis für Kunst und Design. Letztendlich resultierte daraus für mich der Schluss, dass das Handeln mit Kunst mir mehr Freude bereitet als das eigene Schaffen. Ich brach das Fachabitur nach einem Jahr ab und begab mich zurück zu meinen Wurzeln, zu meinen Eltern und ihrem Antikhandel und zu den ersten eigenen Tätigkeiten als Händler für Antiquitäten.

Ein paar Jahre zuvor hatten meine Eltern die Arbeit am Fachwerkhof nach zwölf Jahren Bautätigkeit vollendet, verkauften ihn fast im selben Atemzug und nahmen sich eines weiteren denkmalgeschützten Objekts in der Orlasenke nahe Saalfeld an, dem ehemaligen Sitz der Familie von Breitenbuch, später Breitenbauch, Barockschloss Brandenstein, in welchem meine Familie bis heute lebt. Im Zentrum des europäischen Naturschutzparks gelegen und auf einem massiven Zechsteinfelsen thronend, erheben sich die von schlichter Eleganz gezeichneten Mauern des um 1490 erbauten Hauses. Ringsumher verlaufende Fensterachsen zeichnen seine drei Etagen schon von außen erkenntlich ab. Der Mittelrisalit wird bekrönt durch einen achteckigen Turm, welcher sich nahtlos an die schiefergedeckte Dachlandschaft anschließt. In den Jahren von 1698 bis 1705 ließ Christoph Adam von Breitenbauch das Schloss auf den Überresten der Burg Brandenstein, die im Dreißigjährigen Krieg stark beschädigt wurde, errichten und schaffte damit sich und seiner Familie ein die Jahrhunderte überdauerndes Heim. Erst mit der Bodenreform 1945 änderte sich die Nutzung. Ein Arbeiterwohnheim und die Parteischule für das Stahlwerk Maxhütte und die Keramischen Werke Hermsdorf hielten Einzug. Von 1955 bis 1988 diente das Schloss als Jugendherberge. Die Gemäuer dieses schlichten, aber anmutigen Höhenschlosses waren über die Jahrhunderte und gerade durch die Zeit der DDR sehr stark heruntergekommen. Durch die Hände meiner Eltern flossen auch hier wieder viel Mut, Liebe und Geduld – im Übrigen unser Familienleitspruch, den wir sogar über dem Türstock in Stein hauen ließen. Wir Kinder waren mit unseren elf und sechzehn Jahren nun alt genug, um die Sanierungsarbeiten an schulfreien Tagen tatkräftig zu unterstützen.

Als ich nach meinem einjährigen Abstecher ins Fachabitur und dem damit verbundenen Internatsaufenthalt ins Schloss zurückkam, merkte ich schnell, dass mein Vater die ganze Sache etwas anders verstand, als es mein Anliegen war. Ich wollte nun endlich mit Antiquitäten handeln und meine ersten eigenen Geschäfte machen. Doch stattdessen rief an allen Ecken und Kanten die mir nun unvertraut erscheinende Baustelle. In mir wurde schnell der Wunsch nach etwas Eigenem laut. Da ergab es sich, dass auf dem Kurfürstendamm in Berlin ein kleiner Laden frei wurde. Als wir davon erfuhren, schwelgte mein Vater sogleich in heller Euphorie, dort ein neues Geschäft auf die Beine zu stellen, und erwog, mir die Leitung dieser Filiale zu übertragen. Ich war begeistert von der Idee und von dem Vertrauen, das mein Vater in mich setzte, und stürzte mich voller Enthusiasmus und jugendlichem Elan in das Großstadtabenteuer. Kein Platz für Bedenken oder Zweifel, ich wollte meinem Vater und mir selbst beweisen, dass ich dieser Aufgabe gewachsen war, und endlich mein erstes eigenes Antikgeschäft führen.

Keinen Monat später saß ich mit gerade mal siebzehn Jahren im großen Berlin am Kurfürstendamm und wartete auf kaufkräftige Kundschaft. Ich konnte eine dreißig Quadratmeter kleine Einraumwohnung im Haus direkt über meinem Geschäft anmieten. Sie war trostlos anzusehen, und ich fühlte mich hier nicht eine einzige Minute wirklich angekommen und zuhause. Der ausgelatschte graublaue Teppichboden begrüßte mich jeden Morgen mit seinem über die Jahre muffig gewordenen Geruch, und die winzige Küche bot nicht einmal ausreichend Platz für einen Kühlschrank, sodass mich dieser geräuschvoll surrend und gurgelnd neben meinem Bett um den Schlaf brachte. Die Fensterfront der kleinen Wohnung war großzügig geschnitten und das Einzige, was ich in dieser Zeit als erholsam empfunden habe. Sie bot einen weiträumigen Ausblick ins tiefe Grün des Grunewalds, der jedoch dadurch getrübt wurde, dass direkt unterhalb des Fensters das saftige Grün in einem riesigen sechsspurigen Verkehrskreisel endete, auf dem sich Tag und Nacht hupend und lärmend unzählige Autos quetschten.

Berlin ist eine Hure. Arm, aber sexy. Das sollte sich auch bei meinem Geschäftsvorhaben bewahrheiten. Punkt zehn Uhr stand ich morgens auf der Straße vor meinem Laden. Die vorbeifahrenden Autos wirkten zur Geschäftszeit sehr wohlwollend, da sie die Hoffnung weckten, erste Kundschaft in meinen Laden zu bringen.

Das sind schon ein wenig mehr Autofahrer als in Brandenstein, dachte ich bei mir und kam durch einminütiges Nachzählen darauf, dass sich inklusive meiner Familie ca. 65 Einwohner diesen Ort teilten, wovon zwanzig ein Auto besaßen und zehn es regelmäßig fuhren. Das Großstadtfeeling war für mich also etwas befremdlich, aber ich scheute die Herausforderung nicht und freute mich auf meine ersten Kunden.

Mein Laden war nicht groß. Zuvor hatte hier ein Schuhgeschäft seinen Standort gehabt, und es roch immer noch nach gegerbten Leder, was aber ausgesprochen gut zum Antikflair passte. Die Wände waren hell- bis dunkelblau meliert und so gearbeitet, dass sie an manchen Stellen künstliche Risse hervorbrachten, hinter denen die ursprüngliche Klinkerbacksteinwand hervorlugte. Davor hingen nun unsere schönsten Gemälde vom pastosen Altmeister über den lichtdurchfluteten

Impressionisten bis hin zur statisch gegenständlichen Malerei der Neuen Sachlichkeit. In den Glasvitrinen und auf den antiken Möbeln standen hunderte Kunstobjekte unterschiedlicher Form und Herkunft. Da waren Meißen-Service zum Speisen bei edlem Gelage, silberne Kerzenleuchter aus dem englischen Königshaus, fein bemalte Porzellanplatten mit Kopien altertümlicher Gemälde von Rubens bis Raffael, filigrane Porzellanfiguren standen auf kleinen Deckchen, damit sie beim versehentlich unachtsamen Absetzen keinen Schaden erleiden würden, hier und da fanden sich militärische Gegenstände aus dem Ersten Weltkrieg und sogar ein paar nicht mehr schussfähige Radschlosspistolen aus der Zeit des Dreißigjährigen Krieges.

Die Schaufenster hatte ich aufwendig dekoriert und den Untergrund mit dunkelrotem Samt bespannt. Ich malte mir aus, wie ich die Schaufensterdekoration den jeweiligen saisonalen Bedingungen anpassen würde. Wenn es Herbst wurde, würde ich bunte Blätter und ein paar getrocknete Insekten drapieren. Schneite es im Winter, so könnte ich Kunstschnee besorgen und diesen behutsam verteilen, dazu Kerzen anzünden und unsere große erzgebirgische Weihnachtspyramide aus Brandenstein holen, welche sich schon seit Kindheitstagen jeden Weihnachtsabend in unserer Bohlenstube befand und ohne die ein besinnliches Weihnachtsfest undenkbar wäre. Im Frühjahr würde ich frische Tulpenbuketts herrichten und in antiken Vasen vor der großen Glasfläche drapieren, und im Sommer, so wie wir ihn nun hatten, standen nur die Antiquitäten im Vordergrund und verzückten mit ihrer Anmut und Schönheit die Menschen, die gebannt am Schaufenster ihre Nasen plattdrückten.

»Guten Tag«, sagte der braungebrannte Herr, nickte mit dem Kopf, was seine, auf einem dunkelgrünen Filzhut mit braunem Hutband befestigten Fasanenfeder zum Wippen brachte, und trat durch die weit geöffnete Glastür (es war schließlich Sommer) ins Innere.

»Den wünsche ich ihnen auch«, erwiderte ich dem Herrn, der sich nun ein wenig im Geschäft umsah. Mit hinter dem Rücken verschränkten Armen, immer darauf bedacht, nichts umzuwerfen, ließ er seinen Blick zwischen meinen Objekten hin und her gleiten, schaute da und dort etwas genauer hin, nahm das ein oder andere Objekt in die Hand, um es zu prüfen, stellte es dann jedoch wieder an seinen Platz und lief auf diese Weise die kleinen schmalen Gänge auf und ab.

»Wenn ich Ihnen die Vitrinen öffnen soll, dann sagen Sie es bitte«, bot ich an, als ich bemerkte, dass der Herr sich abmühte, etwas in einer Vitrine Befindliches von allen Seiten zu begutachten. Er freute sich sichtlich über das Angebot und ließ sich die Vitrine öffnen. Zielstrebig griff er nach einem kleinen gemalten Bild mit der Darstellung eines Bürstenbildnisses des »Alten Fritz«, also Friedrich des Großen von Preußen, den gerade mit Berlin sehr vieles verband. Ich wähnte mich bereits verkaufssicher. Wo würde ein solches Gemälde mehr Anklang finden können als hier? Gerade wollte ich dazu ansetzen, dem potenziellen Käufer das Gemälde schmackhaft zu reden, da traten ein weiterer Herr und eine Dame durch die Ladentür und verteilten sich mit gemurmelten »Tag« und »Wir wollen uns nur einmal umschauen« im Geschäft. Nun hieß es für mich, ein wachsames Auge auf alle Kunden zu haben. Wie schnell könnten sonst kleine Kunstobjekte in den Taschen verschwinden, und gerade da es nicht meine eigene Ware war, achtete ich auf jede kleine Regung der Besucher. Geklaut wird überall. Auch im Antikhandel. Das habe ich auch auf den Märkten und Messen erleben müssen. Oft durch Erzählungen von betroffenen Händlern, ab und an aber auch am eigenen Stand. Doch hier im Geschäft war es einfacher, alles zu überblicken. Ein kleiner Laden ist da absolut von Vorteil, und die Menschen, die ihn betraten, verhielten sich meist sehr vornehm und ehrfurchtsvoll gegenüber den ausgestellten Altertümern, weshalb ich nie das Gefühl hatte, ernsthaft einen Diebstahl verhindern zu müssen.

»Das Gemälde vom Alten Fritz ist vorderseitig signiert. Der Künstler ist leider unbekannt. Ich denke, es war ein Berliner Maler. Man sieht die filigrane Signatur unten rechts am Gewand. Wenn Sie mal schauen wollen, habe ich hier auch eine Lupe für Sie«, sagte ich und reichte dem Herrn meine Lupe. Er ergriff sie, schaute kurz auf die Signatur, dann fuhr er mit der Lupe weiter über das Bild, betrachtete das filigran gemalte Gesicht, den Dreispitz und natürlich die vielen Orden, welche auf keinem Bildnis Friedrich des Großen fehlen dürfen. Er gab mir die Lupe zurück.

»Das gefällt mir sehr gut. Was soll es denn kosten? Wissen Sie, ich sammle Miniaturgemälde und Berliner Ansichten, und da würde er ganz gut dazwischen passen.«

»Das ist ein tolles Sammelgebiet. Ich habe noch eine Ansicht von Schloss Charlottenburg, vom Park aus betrachtet. Es sollte so in den 1890er-Jahren gemalt worden sein. Der Alte Fritz kostet 450 Euro«, erklärte ich dem Interessenten.

»Vom Schloss Charlottenburg habe ich bereits einige Ansichten. Sie können sie mir gern zeigen, aber ich denke der Alte Fritz passt eher noch in meine Sammlung.«

Ich zeigte dem Herrn das Gemälde, welches mit einem stattlichen Prunkrahmen an der Wand hing. Er lobte es, winkte jedoch dankend ab und widmete sich wieder dem Studieren des Miniaturgemäldes.

Die beiden anderen Antikinteressierten hatten sich unterdessen im Laden umgesehen und waren im Begriff zu gehen.

»Wir kommen später noch einmal wieder. Heute fehlt uns ein wenig die Zeit«, sagte die Dame, während sie mit ihrem

Mann händchenhaltend meinen Laden verließ. »Auf Wiedersehen.«

»Auf Wiedersehen, und schauen Sie bald wieder einmal vorbei.«

Der Miniaturbildsammler stellte das Gemälde wieder vorsichtig in die Vitrine zurück, bedankte sich für die nette Beratung und meinte, es sich noch einmal zu überlegen zu müssen. Er wünschte mir einen schönen Tag und viel Erfolg weiterhin mit meinem Geschäft und verschwand sodann im Getümmel des menschenvollen, unter der Hitze der Sommersonne flirrenden Kurfürstendamms.

So sollte es noch einige Zeit weitergehen. Tatsächlich kamen viele neugierige Antiquitätenbewunderer in meinen Laden, fragten begeistert nach diesem und jenem Stück, das wohl sehr gut in ihre Wohnung passen würde, stürzten sich auf meinen angebotenen frisch aufgesetzten Tee, kauften jedoch leider nichts. Nach drei Monaten hatte ich nicht einen einzigen Cent Umsatz zu verzeichnen.

Die Schließung des Ladens war die logische Konsequenz und tat mir in der Seele weh. Ich hatte mir schon ausgemalt, wie ich das Geschäft nach und nach in Eigenregie führen würde und wie ein florierender Laden in der Hauptstadt auch zur Unterstützung der Baumaßnahmen am Familienschloss beigetragen hätte. Aber Imagination und Realität sind oftmals nicht zu vereinen. Im Nachhinein betrachtet bin ich jedoch kein Stück traurig darüber. Berlin ist in meinen Augen eine nervtötende, alles erstickende und exzessiv gestresste Stadt, in der ich mein Lebtag nicht glücklich geworden wäre.

So zog ich wieder in die 65 Einwohner starke Metropole Brandenstein zurück und genoss nun in noch volleren Zügen, wenngleich auch etwas wehmütig, das Gezwitscher der Vögel, das Rauschen des Windes in den Baumkronen des Schlosswaldes und das nächtliche Rufen des Uhus. Nichts deutete darauf hin, dass es mich schon bald wieder in eine Großstadt ziehen würde.

ꙍ Expertentipp: Dem Handel ein Schnäppchen schlagen ꙍ

Auf Antik- und Flohmärkten wird gehandelt und gefeilscht was das Zeug hält. Doch wie stelle ich es richtig an? Wie klinge ich überzeugend, und welche Strategien sind am wirksamsten?

1. Die Lage abchecken

Das Verhandeln auf einem Markt beginnt schon mit der Suche nach den Stücken, die man kaufen möchte. Man sollte sich nicht zu schnell anmerken lassen, welches Objekt die Begierde weckt. Es gilt, das Zielobjekt im Auge zu behalten, aber erst einmal ganz interessiert die Preise anderer Objekte zu erfragen, um dann fast schon beiläufig Kenntnis des Preises des Wunschobjekts zu erlangen.

2. Nach Fehlern suchen

Wer den Preis mindern möchte, muss nach Fehlern und zu restaurierenden Stellen Ausschau halten. Das Motiv eines Gemäldes wird nicht sonderlich hochgeschätzt oder die Proportion der Figuren und die Perspektive sind unstimmig. Der Rahmen weist Fehlstellen auf und das Bild muss gereinigt werden. Beim Porzellan ist leider eine Absplitterung zu erkennen, und die Taschenuhr hat eine leichte Beule und bleibt immer wieder stehen. Die Möbel sind zwar wunderschön, aber eigentlich zu groß und zu schwer fürs heimische Wohnzimmer. Alles gute Gründe, den Kaufpreis nach unten zu handeln. Grundsätzlich ist es natürlich besser, wenn Dinge in absolutem Top-Zustand sind. Dann muss man aber auch tiefer in die Tasche greifen. Für den Sparfuchs empfiehlt es sich, nach fehlerhaften Dingen Ausschau zu halten und sie anschließend vielleicht in Eigenarbeit zu restaurieren.

3. Im Konvolut kaufen

Oftmals findet man an einem Flohmarktstand oder in einem Antikladen nicht nur ein, sondern mehrere Objekte, die man gern kaufen möchte. Da lohnt es sich, den Verkäufer darauf aufmerksam zu machen und zu fragen, was er am Preis ändern würde, wenn man alles zusammen im Konvolut kauft. Händler sind daran interessiert, so viel wie möglich zu verkaufen, und bei einem Konvolut kalkulieren sich die Gewinnmarge und der Rabatt womöglich zu Gunsten des Käufers. Je mehr man kaufen möchte, desto günstiger wird es im Einzelnen.

4. Der Erste sein

Ich empfehle grundsätzlich, einer der ersten Besucher auf einem Antikmarkt zu sein, da man dann gleich die frische Ware begutachten darf. Meistens beginnen diese Märkte um fünf Uhr in der Früh. Es ist absolut zu empfehlen und kann sich wirklich lohnen, sich für einen erfolgreichen Flohmarktbesuch zu dieser Zeit aus den Federn zu quälen. Dabei sollte man eine Taschenlampe nicht vergessen, denn im morgendlichen Dämmerlicht wirken viele Dinge auf den ersten Blick besser, als sie sich am Ende bei Tageslicht offenbaren. Ein waches und wachsames Auge findet hier auf jeden Fall das ein oder andere Schnäppchen.

5. Geduld ist die Lösung

Wer ein Objekt der Begierde gefunden und schon die ersten Verhandlungen mit dem Verkäufer geführt hat, schlägt im besten Fall noch nicht zu, es sei denn, der Preis ist bereits optimal oder man merkt, dass der Artikel auch von vielen anderen Kunden begutachtet und nachgefragt wird. Sollte beides nicht der Fall sein, empfiehlt es sich, Geduld zu haben. Man sollte den Händler darauf hinweisen, dass das Interesse zwar groß ist, man es sich aber noch einmal überlegen muss und man erst einmal weiterschaut auf der Suche nach vergleichbaren und vielleicht günstigeren Objekten. Es kann sein, dass der Verkäufer in diesem Moment schon unruhig wird und den Preis erfahren möchte, zu dem man das gute Stück jetzt sofort mitnehmen würde. Dann hat man noch einmal die Möglichkeit zu verhandeln. Falls nicht, empfehle ich, sich den Stand zu merken, eine Runde über den Markt zu drehen und abschließend noch einmal an besagtem Stand vorbeizukommen. Zum Ende der Marktzeit hin fallen bei den meisten Händlern die Preise und sie werden verhandlungsbereit. Natürlich kann es bei dieser Strategie dazu kommen, dass einem ein anderer Käufer die Antiquität vor der Nase weggekauft hat. Das passiert und ist dann eben Pech. Aber wenn nicht, kann man nun mit Sicherheit noch das erwünschte Schnäppchen machen.

KAPITEL 4

Wasser in den Schuhen

Nach meinem kurzen Berlin-Abenteuer verbrachte ich zunächst einige Zeit gemeinsam mit meinen Eltern im Schloss, während der ich hauptsächlich in umfangreiche Baumaßnahmen eingebunden war. Alles wurde überformt und restauriert. Es gab keinen Raum, den man so hätte lassen können, wie er war. Im Foyer stellten wir zwei steinerne Säulen links und rechts an den Treppenaufgang und brachten den ehemaligen Barockstuck, der einst von der Jugendherbergsleitung abgeschlagen wurde, in vereinfachter Form wieder an.

Rechterhand des Eingangsbereichs befand sich eine steinerne Treppe gen Keller, welcher ausgeschachtet und tiefergelegt wurde, damit man als normal großer Mensch darin aufrecht stehen und gehen konnte. Hier hat nun unser veganes Schlosscafé seinen angestammten Platz. Das beim Ausschachten übergebliebene Geröll wurde vor dem Keller an der Außenwand des Schlosses den Berghang hinab aufgeschüttet und wuchs zu einer stattlichen Außenterrasse heran, auf der es sich heute mit einem wundervollen Blick über das Orlatal hin nach Saalfeld trinken, speisen und feiern lässt. Ich half beim Rekonstruieren des zu DDR-Zeiten herausgesägten und verbrannten barocken Treppenhauses und bei der Instandsetzung des Festsaals. Das Turmzimmer im mittelachsig gelegenen achteckigen

Turm des Schlosses habe ich eigenhändig zu meinem Zimmer ausgebaut.

Mir hat die Lage des Schlosses auf dem gewaltigen Zechsteinfelsen schon immer imponiert. Der Blick nach draußen ist das absolute Highlight des Hauses, weshalb wir es im Festsaal zum Beispiel tunlichst vermeiden, Gemälde aufzuhängen. Der Betrachter soll sich an der reinen Schönheit der umliegenden Landschaft zu allen Seiten des Hauses berauschen können, welche sich im Anblick der Burg Ranis auf einem der benachbarten Felsen malerisch zuspitzt. Manchmal, gerade an Wintermorgen, liegt das Umland unter einer dicken weißen Nebelschicht verborgen. Ich fühlte mich dann in das Gemälde *Der Wanderer über dem Nebelmeer* von Caspar David Friedrich, einem meiner Lieblingsmaler aus der romantischen Epoche der Kunst, versetzt. In der zweiten Etage begann ich mit den ersten Handgriffen zum Ausbau einer eigenen Wohnung, welche jedoch bis heute halbfertig brachliegt und nun zu einer großen Hochzeitssuite umgebaut werden soll.

Im Jahr 2012 hatte ich vorläufig genug vom beschaulichen Landleben. Es zog mich nach Leipzig. Der Wunsch nach Großstadtfeeling keimte ein weiteres Mal in mir auf. Die Entscheidung, Brandenstein zu verlassen, hatte ich bereits unlängst gefällt, es bedurfte jedoch einer Idee und einer Perspektive, um diese nicht wie eine Eintagsfliege für wenige Stunden durch die Luft flattern und im letzten Moment aus blauem Himmel zu Boden sinken zu sehen. In mir regte sich, gestärkt durch meine Erfahrungen in Berlin, ein Ideensprössling, und ich war bereit, ihn im fruchtbaren Boden Leipzigs auszusetzen. Zu diesem Zeitpunkt hatte ich keinerlei Einkommen, was bedeutete, dass ich bei meiner Freundin Sam in ihre vierzig Quadratmeter große Zweizimmerwohnung in einem Siebzigerjahre-Hochhaus einzog und noch nicht einmal einen Anteil zur Miete beisteuern konnte. Ich kannte Leipzig bereits ganz gut von ein paar Festivals, welche ich hier alljährlich besuchte, und von meinen Ausflügen vom heimischen Idyll in die Szeneclubs der Großstadt.

Hinter einem Hotel am Hauptbahnhof wurde ein großes Parterregebäude frei. Es war ein langgestreckter, hoher Artdéco-Bau mit einem achteckigen, zehn Meter hohen Turm. Die großen Fensterfronten ließen viel Licht ins Innere und verliehen dem Gebäude den Charakter einer Orangerie. Hier, das war mein großer Traum, sollte eine Kunstgalerie für moderne und zeitgenössische Kunst in Verbindung mit einer gemütlichen Lounge im Kellergeschoss des Hauses entstehen. Die nötigen Ausstellungsräume und die Bar für dieses Vorhaben bestanden bereits, wurden jedoch kaum durch das Hotel, zu dem das Gebäude gehörte, genutzt.

Mit finanzieller Unterstützung meiner Eltern sanierte ich zusammen mit Freunden und Bekannten im Schnelldurchlauf das gesamte Haus. In die sehr große lichtdurchflutete Galerie stellten wir zwölf Teile der Berliner Mauer, welche das größte zusammenhängende Mauerstück außerhalb Berlins bildeten und an die Montagsdemos und die friedliche Revolution erinnern sollten. Rundherum konzipierten sich im Zeitraum eines Jahres die unterschiedlichsten Ausstellungen. Von der Künstlergruppe Tacheles aus Berlin über Designer Luigi Colani bis hin zu dem Erschaffer des Aliens im gleichnamigen Film aus den Achtzigerjahren, HR Giger, stellten hier namhafte Künstler ihre Werke aus.

Die Lounge im Kellergeschoss wurde der Vintage-Bewegung verschrieben, ich gestaltete sie im Stil der Siebziger. Die tiefroten Ziegelwände verströmten eine anheimelnde Atmosphäre. Mittig links an einer der Seitenwände erstreckte sich eine lange Bar, an deren Ende eine Tanzfläche Platz fand. Eine Veranstaltungsbühne befand sich am Kopfende des Raumes.

Die Wände waren dekoriert mit Kunstwerken von Udo Lindenberg, Otto Waalkes, Helge Schneider und Frank Zander. Ich wählte diese Art der Kunst, da sie eher unterhaltenden Charakter hat, als wirklich zum Nachdenken anzuregen. Hier sollte man sich fallen lassen können, um den Abend und die Nacht unbeschwert ausklingen zu lassen. Die Fenster waren verschlossen und schalldicht abgeriegelt, damit auch die gehaltvollste Musik nicht nach draußen auf den Hotelhof flüchten und die Gäste vom Schlafen abhalten konnte. Gemütliche Sitzmöbel wie braun-rote Ledersessel und schwarz-beige gestreifte Armlehnstühle fügten sich harmonisch ins Gesamtbild ein. Dem Ganzen gab ich den Namen »K3-Lounge«. Vielleicht lag das daran, dass es bereits das dritte Projekt in meiner Laufbahn war, das ich begonnen hatte. Sozusagen »Klappe Kahl, die dritte«. Oder einfach nur, weil es eingängig ist und mir das Logo dazu – ein K, an das sich die Drei wie ein sichelförmiger Mond anschmiegt – über Nacht eingefallen war. Hier tobten in der belebten Zeit der Wochenenden des Leipziger Stadtlebens die verschiedensten Bands und Künstler über die Bühne, vor welcher sich tanzend und ausgelassen die subkulturelle Szene des städtischen Nachtlebens zelebrierte.

Ich war völlig ohne Erfahrung in jeglichen Bereichen dieser neuen Aufgabe und damit nicht minder überfordert. Ein Hardcorekonzert – das erste und letzte, das im K3 stattfand – endete damit, dass ein Heizkörper aus der Wand gerissen wurde, was einen – glücklicherweise nur oberflächlichen – Wasserrohrbruch verursachte.

Auch einen Einbruch hatte ich zu verkraften, der sich, gepaart mit meiner eigenen Unachtsamkeit und Blauäugigkeit, zu einem kleinen Drama entwickelte. Als ich eines Tages das Gebäude betrat, spürte ich bereits beim Öffnen der Tür einen leichten Windhauch. Irritiert trat ich ein. Ich achtete doch stets darauf, dass nachts alle Fenster und Türen fest verschlossen blieben! Tatsächlich stand eines der Fenster im hinteren Bereich der Bar sperrangelweit offen, und unterhalb des Fenstersims lag ein blauer Sack mit eingepackten Spirituosen aus meinem Schauregal hinter dem Tresen. Ich musste den Dieb auf frischer Tat ertappt haben. Er war durchs Fenster eingestiegen und wohl gerade dabei gewesen, mitsamt der Beute auf gleichem Weg zu türmen, als er mich kommen sah. Aus dem Fenster im Keller-bereich heraus konnte man ein kleines Stück auf die Straße vor dem Hotel schauen und beobachten, wer ein- und ausfuhr. Ich nahm an, dass der Dieb bereits über alle Berge sei, und feierte innerlich schon mein gutes Timing. Ich legte meine Tasche ab, schloss das Fenster und verriegelte die Tür, um nach drüben ins Hotel zu gehen und den Vorfall zu melden. Vielleicht hatte dort jemand etwas gesehen.

»Der Bereich wird zumindest videoüberwacht. Wenn der Chef wieder da ist, kann ich ihn fragen, ob er das Material von heute Morgen sichten kann. Wir haben darauf leider keinen Zu-griff«, sagte die Empfangsdame.

»Okay. Er soll sich bitte bei mir melden. Ich erstatte nur Anzeige, wenn wir wissen, wer es war. Nur, wenn er auf den Vi-deos deutlich erkennbar ist. Es wurde ja nichts entwendet. Da bin ich im Grunde noch mal mit einem blauen Auge davonge-kommen«, lachte ich etwas bitter und kam dabei ins Grübeln. »Vielleicht war es ja ein Insider. Es wurde nichts aufgebrochen, um hineinzukommen. Schon merkwürdig. Na ja. Wir werden sehen.«

Zurück in der Lounge hieß es nun, Flaschen wieder ins Regal einordnen und vor allem die Kasse checken. Glückli-cherweise bewahrte ich diese in einem Safe auf, der in meinen Galerieräumen stand. Hierzu konnte sich kein anderer ohne Weiteres Zugang verschaffen, denn ich besaß den einzigen

Schlüssel. Ich schloss die Galerie auf, und der Geruch von frischer Farbe strömte mir entgegen. Ein paar Tage zuvor hatten wir die fünf Meter hohen Räume in einem speziell angemischten Grau-blau-violett-Ton gestrichen, der die Atmosphäre der Kunstgegenstände im Raum und an den Wänden verstärken, aber gleichzeitig dezent im Hintergrund bleiben sollte, wie eine unsichtbare, treibende Kraft, die alles innerhalb einer Ausstellung zu einem Gesamtwerk vereint. Es brauchte viele Versuche, um diesen Ton zu treffen, doch zu guter Letzt schien er mir vortrefflich gelungen. Auch das gigantisch schwere zwölfteilige Stück der Berliner Mauer fügte sich so harmonisch in jede Art von Ausstellung ein.

Der Safe stand im Boden verschraubt, versteckt hinter einer aufschwenkbaren Wand. Wie zu erwarten war, lag alles noch so darin, wie ich es verlassen hatte. Erleichterung stieg in mir hoch. Der Dieb hatte keinerlei Beute machen können. Ich stieg wieder die Stufen in den Barbereich hinunter, und zu meinem Erstaunen spürte ich beim Öffnen der Tür erneut einen Windzug.

»Das kann doch nicht sein. Ich habe doch alles verschlossen«, murmelte ich vor mich hin und durchschritt den Raum. Wie erstarrt hielt ich inne, als ich am hinteren Fenster ankam. Der blaue Sack war verschwunden, und das Fenster stand wieder weit geöffnet. Die warme Sommerluft strömte ins Innere, doch mir wurde es heiß und kalt zugleich.

»Oh Mann! Das kann doch nicht wahr sein!«, rief ich aufgeregt. Der Dieb musste die ganze Zeit über hier im Haus gewesen sein. Er hatte alles beobachten und sich dann, dank meiner Unüberlegtheit, letztlich doch mit seiner Beute davonstehlen können. Ich durchsuchte das Lager, die Abstellkammer, den VIP-Bereich und schaute sogar unter der Spüle nach, um sicherzugehen, dass nun wirklich niemand mehr hier war. Mir lief es erneut eiskalt den Rücken hinunter, bei der Vorstellung, dass der Einbrecher die ganze Zeit zugegen gewesen war.

Meine Tasche, durchschoss mich der Gedanke wie ein Blitz. Ich hatte sie vorhin auf dem Tresen abgestellt. »Verdammt!«, rief ich völlig außer mir, mich dabei über meine eigene Blödheit echauffierend, als ich schnellen Schrittes den Tresen erreichte und schon von Weitem die leere Stelle erblickte, auf der meine Tasche hätte liegen müssen. Ich musste mich setzen. In meinem Kopf rasten die Gedanken.

»Oh Mann«, schalt ich mich selbst, »du hast die Chance und das große Glück, einen Dieb, der Alkohol aus deiner Bar klauen wollte, auf frischer Tat zu ertappen, und hättest ihn stellen können. Und was machst du? Du schenkst ihm freundlicherweise auch noch deine Tasche mitsamt aller Dokumente und Portemonnaie mit 200 Euro dazu? Super gemacht! Ganz wundervoll! Nun hast du wieder die Rennerei zu den Behörden, zur Krankenkasse und zur Sparkasse und kannst alle Dokumente neu beantragen. Hast ja sonst nix zu tun. Und das Geld ist auch weg. Der kommt sicher vor Lachen nicht mehr in den Schlaf!«

Aus Verzweiflung musste auch ich lachen. Da saß ich nun und musste gefühlt wieder bei null anfangen. Lehrgeld zahlen, nennt man das wohl. Noch ahnte ich nicht, dass das noch nicht die Krönung der negativen Erfahrungen in diesem Jahr sein sollte.

Eines nachts gab es heftigen Regen, der erste Regen seit der Sanierung des Objektes. Als ich am nächsten Tag in die Lounge kam und fröhlich die Tür von der Galerie zum gastronomischen Bereich öffnete, lief mir, noch bevor die Tür zur Gänze geöffnet war, bereits plätschernd das angesammelte Wasser in meine Schuhe.

»Um Himmels willen. Was ist denn hier passiert?«, stammelte ich fassungslos im Selbstgespräch. Ich erschrak beim

Anblick meiner sich mit Wasser vollsaugenden Möbel und Einrichtungen. Sofort zückte ich mein Handy und rief entgeistert meine Freundin an.

»Du wirst nicht glauben, was hier los ist. Kannst du versuchen, ein paar helfende Hände zu organisieren? Ich könnte hier reichlich Hilfe gebrauchen. Und jeder soll Eimer und Handtücher mitbringen. Der ganze Laden steht unter Wasser!«

»Was?«, rief Sam ungläubig am anderen Ende der Leitung. »Ich komm, so schnell ich kann.«

Ich steckte das Handy wieder in meine Tasche und verschaffte mir erst einmal einen Überblick der Lage. Das Wasser stand fast im gesamten Raum schuhsohlenhoch, doch war nicht zu erkennen, wo es hereingelaufen war. Ich stellte zunächst alle Stühle und Kleingegenstände auf den Tresen und die Tische, welche glücklicherweise wasserunempfindliche Metallfüße hatten. Danach checkte ich das Lager hinter dem Ausschank und den nebenan gelegenen Backstagebereich für Bands und Künstler. Das Lager war verschont geblieben, aber der Backstagebereich stand ebenfalls unter Wasser und mit ihm auch das Schlagzeug, das eigentlich fester Bestandteil der Bühne im Laden war. Die Bühne, durchfuhr es mich zum zweiten Mal heftig. Das Wasser musste auch unter die Bühne gelaufen sein. Der Moltonstoff darauf war vollgesogen. Ich nahm die Seitenwände ab und legte den Molton zum Trocknen nach draußen.

Ohne Nasssauger wird das hier nichts, dachte ich bei mir und fragte im Hotel nebenan nach, ob sie einen hätten und mir diesen zur Verfügung stellen würden. Die Rezeptionistin rief den Hausmeister, welcher mir das Gerät unverzüglich überließ – nicht ohne einen mitleidvollen Blick ins chaotische Innere meiner Bar zu werfen.

Meine Freundin war inzwischen zusammen mit drei Freunden angerückt, und alle versuchten nun der Lage Herr zu werden. Während der Sauger seine Arbeit verrichtete, überlegte ich krampfhaft, von wo das Wasser eingedrungen sein könnte, denn offensichtlich war die einzige trockengebliebene Stelle die vor der Eingangstür. Mir dämmerte nichts Gutes. Das Wasser musste direkt durch die Wände geströmt sein. Mehrmaliges Abtasten der wirklich sehr nassen Wände bestätigte meine Vermutung. Ich hatte mein Domizil in einer Ruine errichtet. Der Laden würde ohne Abgraben und Trockenlegung der Außenwände immer wieder mit Wasser überströmt und das Gebäude konnte nur unter heftigster Kostenaufwendung trockengelegt werden, da es ringsumher geteert und betoniert war und sich unzählige Wasserrohre des Hotels ringsum das Haus verzweigten. Warum hatte mir das mein Vermieter nicht gesagt?

Alles Lamentieren half nicht. Der Schwarzschimmel, der sich im Gemäuer ansammelte, würde über kurz oder lang für meine Gäste und Mitarbeiter gesundheitsschädlich und machte ein weiteres Betreiben der Bar ohne umfassende Kernsanierungsmaßnahmen unmöglich. So spielt das Leben leider. Da hilft manchmal nur Gummistiefel anziehen und dem Ausdruck »versumpfen« neues Leben einhauchen. Ich war am Boden zerstört, und mir war klar, dass es nur noch eine Frage der Zeit war, bis ich die Lounge und damit auch die Kunstgalerie schließen musste.

Ich wartete noch bis nach dem Wave-Gothic-Treffen zu Pfingsten 2014, welches dank der Ausstellung von originalen Objekten von HR Giger, einem wohlüberlegten Line-up vielseitiger Bands und Acts und vieler fleißig helfender Hände ein voller Erfolg wurde, bis ich mit der Hiobsbotschaft an meine Mitarbeiter herantrat.

Für mich war es eine sehr lehrreiche Zeit, in der ich jede Menge Erfahrung erlangt habe – vor allem im Bereich des Führens einer Gastronomie. Und auch wenn die Zeichen gutgestanden hatten, dass sich das Projekt voraussichtlich nach einem weiteren Jahr von selbst hätte tragen können, war ich nicht zwingend unglücklich, als die Türen nach rund einem Jahr hinter mir ins Schloss fielen. Der Blick war frei auf mir bekanntes Terrain mit einem Hauch von Ungewissheit. Wieder galt es, sich neu zu orientieren.

ᒕ Expertentipp: Antikes Mobiliar ᒧ

Antikes Mobiliar muss in unserer heutigen Zeit der hochglanzpolierten und weiß-grau-beigen Inneneinrichtungen mehr denn je seinen Platz behaupten und diesen gegenüber immer neuen Eindringlingen der Billigmöbelherstellung verteidigen. Antiquitäten sind scheinbar fast vollständig aus unserem Sichtfeld des Innenraumdesigns verschwunden. Neue Formen und niedrige Preise erobern den Markt. Möbelhersteller setzen zu Lasten der Langlebigkeit und Qualität ihrer Gebrauchsgegenstände auf schnelle Profite. Viele Menschen sind auch der Ansicht, Antiquitäten seien zu schade, um sie zu benutzen, und wollen sie deshalb schnell loswerden und zu Geld machen. Dabei haben antike Möbel allerlei Vorteile.

1. Individualität

Die Formensprache der alten Zeit ist so variabel wie die Menschen, die diese Formen schufen. Antike Möbelarten sind unglaublich vielseitig gestaltet. Kaum einer kennt heute noch die Chaiselongue, das niedrige, gepolsterte Sitz- und Liegemöbel für eine Person aus dem 19. Jahrhundert, weiß um den Zweck eines Vertikos, hat schon einmal vor einer Pfeilerkommode gestanden oder kann die Funktionsweise einer Garderobenschere beschreiben. Dabei gibt es bei einem Gang über den Flohmarkt oder dem Besuch eines Antikgeschäfts so einiges zu entdecken und zu bestaunen.

2. Stabilität und Haltbarkeit

Die meisten Möbel sind aus Vollholz gefertigt und entsprechend robust. Auch die Wahl der verarbeiteten Hölzer kann verblüffen. Nicht selten wurden in vergangener Zeit, als die Bestimmungen für Abbau und Vertrieb tropischer Edelhölzer noch nicht so streng waren wie heute, Mahagoni-, Palisander- und Ebenholz verarbeitet. Heute ist das nur zu einem horrenden Preis möglich, was ich absolut befürworte, denn der Vertrieb und die Verarbeitung solcher Materialien fördern den Raubbau am Urwald und sind obendrein alles andere als ökonomisch. Antikes Edel- und Echtholzmobiliar bringt Stabilität und Robustheit mit sich, ist umweltverträglich und obendrein weit günstiger, als man vermuten mag.

3. Keine Chemie

Neue Möbel kommen direkt vom Werk in die Möbelhäuser und sogleich in unsere Wohnräume. Sie sind oft, je nach Hersteller und Qualität, mit allerhand Chemikalien behandelt, die beim Aufstellen in unserem Wohn- und damit Lebensraum anfangen auszudünsten. Über die Folgen ist noch wenig bekannt, aber ich schätze, dass Langzeitstudien wie so oft kein gutes Ergebnis zutage bringen werden. Für mich ist das einer der ausschlaggebenden Faktoren für die Einrichtung mit Antiquitäten. Früher wurden nicht so viele chemische Stoffe verwendet, und die wenigen sind über die Jahre längst verflogen. Wer auf seine Gesundheit, die Lebensqualität in seiner Wohnung und im Endeffekt auch auf das Wohlergehen der Erde achten möchte, für den sind Antiquitäten genau das Richtige.

4. Recycling

Ich bin ein großer Freund von Re- und Upcycling, da es eine tolle Alternative zu neuen Produkten darstellt und ressourcen- und umweltschonend wirkt. Selfmade for the win! Jeder kann den »inneren Designer« in sich wecken und kreativ werden. Mit Antiquitäten ist das auch innerhalb eines modernen Wohnkonzepts bestens möglich. Sie integrieren sich leicht in neuartiges Design. Manche Dinge kann man getrost nach seinen Vorstellungen umgestalten. Dabei sollte man nur keine seltenen oder hochwertigen Dinge als Grundlage nehmen. Kostspielige Antiquitäten von namhaften Designern sind so zu belassen, wie sie sind. Würde man sie umarbeiten und verändern, verlören sie an Sammlerwert. Mit einem umlackierten Dreißigerjahre-Schlafzimmerschrank oder einer individuell angepassten Anrichte im Wohnzimmer macht man jedoch beim Umbau und Umlackieren nichts verkehrt. Mobiliar aus der Zeit der Dreißigerjahre und aufwärts eignet sich generell bestens für solche Vorhaben. Aber auch hier gilt: Es empfiehlt sich, vorweg einen Experten zu Rate zu ziehen, bevor man unwissend ein hochwertiges Objekt umgestaltet. Wer das beherzt, kann schon bald seinen eigens designten und recycelten Wohnraum einweihen.

5. Sitz- und Liegemöbel bilden eine Ausnahme

Für mich gibt es nur eine Art der Antiquitäten, welche sich schwer in unser modernes Leben und die neuen Gewohnheiten einfügt. Sitz- und Liegemöbel sind die Verlierer der Moderne. Früher wusste man nicht allzu viel über Ergonomie und unseren Rückenaufbau und brachte somit kaum ein Stück zustande, das zum natürlichen Sitzverhalten passt. Auch für unsere durch Film und Fernsehen weit verbreitete Fläz-Kultur hatte man damals kein Verständnis. Man saß aufrecht in für uns unbequemer Position auf Brettstühlen oder einem Kanapee. Heute sind die Couch und das Big-Sofa zentraler Lebensmittelpunkt geworden und wir verbringen oft viele Stunden auf ein und demselben Sitzmöbel. Für solche Zwecke sind Antiquitäten nicht ausgelegt und werden schnell unbequem und frustrierend. Auch die Betten und Matratzen haben sich enorm weiterentwickelt. Man wird wohl kaum ein antikes King- oder Queensize-Bett finden. Ich selbst habe bis auf die Stühle am Esstisch und einen gemütlichen Wangensessel in der Leseecke keine alten Sitzmöbel in meiner Wohnung.

KAPITEL 5

Weichgespülte Plastikwelt

Mein Vater hatte in der Zwischenzeit sein seit dreißig Jahren bestehendes Antiquitätengeschäft in Rudolstadt aufgegeben und damit begonnen, die anfallende Warenflut auf dem europaweit bekannten Antikmarkt Leipzigs auf dem alten agra-Gelände zu verkaufen. Unsere ehemaligen, sehr beschaulichen Geschäftsräume in der Schwarzburger Chaussee waren viele Jahre Anhaltspunkt für die verschiedensten Antiquitätensammler aus ganz Deutschland. Der Handel florierte bestens zu den Zeiten, als ich noch ein kleiner Junge war, und das, obwohl Rudolstadt mit der Heidecksburg, welche auf einem langgestreckten Berg über der Stadt thront, eine zwar kulturell bekannte und interessante Adresse Thüringens darstellt, aber eben doch nur als eine Kleinstadt in der dörflichen Umgebung thüringischer Provinz anzusehen ist. Aber die Zeiten ändern sich. Zum Glück. Das Schlimmste für einen selbst ist der Stillstand.

»Der Mensch wächst mit seinen Aufgaben«, sagt mein Vater immer gern. Es ist keineswegs Freude und Erleichterung, die man empfindet, wenn man sein Geschäft aufgeben muss. Eine Erfahrung, die ich ja nun auch schon zweimal gemacht hatte.

Wenn die früheren Wege des Verkaufs von antiken Dingen mittlerweile unwegsam und menschenleer geworden sind, dann ist es an der Zeit, nicht etwa den Kopf in den Sand zu stecken und so zu verharren, bis letztlich die Revolution ihre Kinder frisst, sondern neue Wege zu erschließen, die neugewonnenen Möglichkeiten für sich auszuschöpfen und sich auf die Veränderungen einzustellen. Menschen, die sich gern mit antiken Dingen umgeben, gibt es auf dieser Welt zur Genüge. Die Kunst ist nur, diese zu erreichen. Es ist nötig, global zu denken und auch die virtuellen Verkaufsräume des Internets zu nutzen. Oder man bringt die Ware direkt zum Kunden und präsentiert sich mit einem geschmackvollen Stand auf Märkten für Antikes.

Antik- und Trödelmärkte waren für mich schon immer spannende Orte, welche für den aufmerksamen Betrachter viel zu bieten haben. Es gibt immer, selbst auf jedem noch so kleinen Hinterhofflohmarkt, ein Schnäppchen zu machen und Schätze vergangener Tage zu entdecken. Und genau das macht den Reiz aus. Hinter jeder kleinen unauffälligen Vitrinentür, in jedem Möbelstück oder in jeder gewölbten Runddeckeltruhe kann ein ungeahnter Schatz versteckt sein, welcher sich dem Wissenden offenbart. Das ist auch das Geheimnis des großen Erfolges von Antik- und Gebrauchtwarenmärkten. Sie wecken im Menschen den Schatzsuchertrieb. Das Verlangen, Entdecker von etwas zu sein, es in Besitz zu nehmen und nicht zuletzt für diesen Fund Anerkennung von anderen gezollt zu bekommen. So ist es im Kleinen wie im Großen. Auf der ganzen Welt dasselbe Prinzip.

Ich selbst bin leidenschaftlicher »Antikjäger« und habe mein Hobby sozusagen zu meinem Beruf gemacht. Ich bin schon immer ein Mensch gewesen, der auf Recycling und Wiederverwertung großen Wert legt. In einer vor neu produzierter Billigware und hochglanzpolierten Designerobjekten überquellenden Welt, in der viele Menschen den Blick für den Charme kleiner Eigenarten und die Besonderheit individueller Macken scheinbar verloren haben, sehe ich es als meine Aufgabe an, sie wieder für den Charme und auch die Nachhaltigkeit des Verwendens von bereits produzierter Secondhandware zu sensibilisieren. Mit dem Kauf von Secondhandkleidung, gebrauchten Elektroartikeln und natürlich auch antiken Wohnungseinrichtungen nutzt man vorhandene und schon verarbeitete Ressourcen, was angesichts unserer bereits ins Wanken geratenen und vor Überschuss zu bersten drohenden Welt oberste Priorität haben sollte. Ich bin ein begeisterter Zweite-Hand-Käufer. Obendrein kommt man mit sehr vielen Dingen für den Haushalt oder auch einfach für Dekozwecke weitaus günstiger weg als mit eingeschweißter Neuware. Diese Art zu leben hat nichts mit Geiz oder Armut zu tun. Es ist ein Lebensgefühl. Eine neue Sichtweise auf alte Gegebenheiten und die Besinnung auf Althergebrachtes vermischt mit einem modernen Lebenswandel. Deshalb verurteile ich auch das kapitalistische System nicht. Die Welt um uns herum ist ein Spiegel unseres Konsumverhaltens, und wir Menschen halten damit die Möglichkeit zur Veränderung der Welt in den eigenen Händen. Was gekauft wird, wird produziert. Wer in einen Laden geht und dort etwas Neues kauft oder bestellt, schafft damit eine Absatzzahl und sorgt somit bei hohem Absatz für Neubestellung des gefragten Artikels.

Ich bin seit meinem 15. Lebensjahr Vegetarier, habe aber dennoch kein Problem damit, Lederschuhe oder -gürtel zu tragen, wenn sie aus zweiter Hand stammen. Mir geht es dabei um das Vermeiden unnötigen Leidens und das Verhindern der Verbrechen an Tieren, welche millionenfach jeden Tag begangen werden, und nicht um das strikte Ablehnen von Leder- oder Tierprodukten im Allgemeinen. Dinge, die bereits geschöpft wurden, finden ihre Berechtigung in vorangegangenen Zeiten und müssen nicht brachliegen oder gar vernichtet werden.

Man kann diese wiederverwerten, in neue Kontexte setzen oder recyceln. Kreativität ist hierbei genauso gefragt wie Erfindungsreichtum. Auch diese beiden Eigenschaften gehen meines Erachtens ein großes Stück weit verloren, wenn man sich die Inneneinrichtung vom Reißbrett fertigen lässt und einen standardisierten Lebensstil vorzieht.

Der Umgang und die Einrichtung mit Antiquitäten hat etwas Lebendiges. Der dadurch gestaltete Raum beginnt zu leben, sich wie von selbst zu harmonisieren und atmet Geschichte, welche sogleich beginnt, durch die Adern derer, die sich mit ihnen umgeben, zu fließen. Und wenn man weiß, wo man suchen muss und welche Stilepochen gerade auf dem Kunstmarkt nicht so angesagt sind oder welches Mobiliar generell noch nicht hoch im Kurs steht, wird der Einrichtungstraum mit antiken Echtholzmöbeln, ohne Chemie und nicht von Kinderhänden in fremden Ländern mühsam und unterbezahlt zusammengeklöppelt, sogar noch zur Endorphine freisetzenden Schnäppchenjagd. Für mich besteht kein Zweifel. Zum Erschaffen und Bewahren einer Welt im Einklang mit der Natur kann in erster Linie und direkt der Verbraucher seinen kleinen, in der Summe der Menschen gesehen jedoch sehr großen Beitrag leisten. Alternativen suchen, statt sich in alten Mustern zu drehen, bis man im Strudel der weichgespülten Plastikwelt untergeht.

Ich half also meinem Vater nun verstärkt, seine antiken Stücke auf dem Leipziger Antikmarkt anzupreisen und zu verkaufen. Ein Freund meines Vaters hatte eines schönen Tages Andeutungen gemacht, dass wohl ein Kamerateam auf dem Gelände unterwegs sei und Ausschau nach geeigneten Kandidaten für ein neues Fernsehformat halten würde. Ich dachte mir nichts dabei, höchstens, dass es eine interessante Gelegenheit für meinen Vater sein könnte, sich und unseren Antikhandel weiter bekannt zu machen. Und so schien es auch zunächst.

Tatsächlich erreichte das dreiköpfige Filmteam am Nachmittag unseren Stand. Sie hatten die weite Anreise aus Köln unternommen und waren schon seit den Morgenstunden auf dem Markt unterwegs auf der Suche nach spannenden Händlern. Insgesamt wurden, wie ich später erfuhr, über hundert Menschen gecastet.

Wie erwartet, nahm das Filmteam zunächst Kontakt zu meinem Vater auf. Sie drehten ein kurzes Interview mit ihm, in dem er sich vorstellen sollte und ein paar kurze Fragen zu Themen des Handelns und der eventuell infrage kommenden Fernseharbeit beantwortete. Ich hielt derweil unseren Marktstand am Laufen, verkaufte hier und da ein Objekt an einen begeisterten Sammler und schaute mir das Casting von Weitem an. Nach etwa fünfzehn Minuten war die Prozedur beendet und das Kamerateam schon im Begriff abzubauen und einzupacken, als ich meinen Vater sagen hörte: »Und das ist mein Sohn Fabian, der auch in unser Geschäft involviert ist und vom Handel schon reichlich Ahnung hat. Er managt die Marktgeschäfte zum großen Teil allein.« Dass das zu diesem Zeitpunkt zugegeben ziemlich übertrieben war, musste ja niemand wissen. Mich durchfuhren bei diesen Worten gleichsam eine Welle der Freude und eine gewisse Unsicherheit.

Die junge rothaarige Redakteurin drehte sich zu mir um, musterte mich einen kurzen Moment lang, wie ich da stand in meinem schmutzigen Arbeitsoutfit und mit zerwuselten Haaren, zog eine Augenbraue hoch und winkte mich mit einer bestimmten Handbewegung zu sich rüber. Mein Vater nickte mir aufmunternd zu und übernahm kommentarlos unseren Stand, damit ich gehen konnte. Die Redakteurin lachte mich freundlich an und stellte sich als Ines vor, und eh ich mich versah, wurde auch ich interviewt und konnte ein kurzes Statement über mich und meine Arbeit im Antikhandel abgeben.

»Das klingt doch schon ganz spannend, Fabian«, freute sich Ines, während der Kameramann, der sich als »der Flo« vorgestellt hatte, das Aufnahmegerät ruhig auf mich richtete.

»Hast du denn schon mal vor einer Kamera gestanden?«, wollte Ines nun wissen.

»Eigentlich nicht«, erklärte ich wahrheitsgemäß. »Ich war mal bei *Schloss Einstein* in einer Diskothekenszene ein Statist im Hintergrund, aber mehr habe ich in dieser Richtung noch nie gemacht«, erinnerte ich mich an meinen Kurzauftritt in der Kinderserie im Alter von siebzehn Jahren.

Nach zehn Minuten Drehzeit hatten sie alle wichtigen Fragen gestellt und bauten ihr Equipment ab. Das Kamerateam erklärte mir, sie casteten deutschlandweit Antik- und Kunsthändler für ein neuartiges TV-Format. Man würde sich melden, sobald der Sender sich entschieden habe, ob ich in die engere Auswahl käme. Ich dachte mir nichts weiter dabei. Der Rest des Tages verlief wieder im normalen Marktrhythmus. Doch es sollte nicht lang dauern, bis wir Antwort erhielten.

ℰ⎯ Expertentipp: Augen auf beim Onlinekauf ⎯℘

Antiquitäten und gebrauchte Einrichtungsgegenstände werden nicht mehr nur klassisch auf dem Flohmarkt, auf Antikmessen oder in Ladengeschäften angeboten, sondern finden ihren Vertrieb auch in der Welt des Onlinehandels. Wer sich auskennt und weiß, worauf er achtgeben muss, kann hier einfach und günstig einkaufen. Aber Vorsicht! Hier lauern viele Tücken.

1. Verschwommene oder unscharfe Bilder
Wenn sich ein Händler auf dem Kunstmarkt profilieren möchte, wird er seine Ware immer in der bestmögli-

chen Qualität präsentieren. Das bezieht sich auch auf die Qualität des Anschauungsmaterials des zu verkaufenden Gegenstandes. Sind die Fotos verschwommen, unscharf oder aus merkwürdigen Perspektiven aufgenommen, sollte man den Händler fragen, ob er bessere Fotos zur Verfügung stellen kann. Sollte das ein Problem darstellen, ist von einem Kauf abzusehen, denn dann hat der Verkäufer meist etwas zu vertuschen. Bei privaten Verkäufern können schlechte Fotografien durchaus die Regel sein, aber auch hier empfiehlt sich die Anfrage nach besserem Anschauungsmaterial.

2. Stark bearbeitete Fotos
Fotografien, die offensichtlich stark bearbeitet wurden – etwa durch Veränderung des Kontrastes, Manipulation der Farben oder Weichzeichner – sollte man keinen Glauben schenken. Da man die Gegenstände nicht tatsächlich vor sich liegen hat und sie begutachten kann, ist Misstrauen in diesem Fall eine Vorsichtsmaßnahme, die einem Fehlkauf vorbeugen kann.

3. Dumpingpreise
Als Sammler oder Liebhaber von antiken Dingen weiß man meistens im Vorhinein ungefähr, was ein gesuchter Gegenstand auf dem Kunstmarkt kostet. Nun klingen viele Onlinepreise absolut verlockend und täuschen ein wahres Schnäppchen vor. Davon sollte man sich nicht beeinflussen lassen. Qualität hat ihren Preis, und jeder Händler versucht, den höchstmöglichen Preis für seine Ware zu erzielen. Dumpingpreise sind nur berechtigt, wenn die Ware defekt, fehlerhaft oder schlimmstenfalls sogar gefälscht ist.

4. Zielgerichtet irreführend

Die Beschreibungstexte zu Onlineartikeln können unter Umständen zielgerichtet irreführend sein. Beliebte Formulierungen sind:

... Stilmöbel

... im Stil des Barocks / Rokokos / Biedermeiers / Jugendstils usw.

... Biedermeier um 1880

... 19./20. Jh.

... nach einem originalen Entwurf aus der Zeit ...

... unter Erhalt der alten Patina fachgerecht restauriert, Furnier erneuert und mit Schellack poliert

... Zierelemente und Beschläge ergänzt

... Alter leider unbekannt

5. Altershinweis auf der Rechnung oder Zertifikat

Nach dem Abschluss eines Onlinekaufes gilt es, die beiliegende Rechnung unter die Lupe zu nehmen. Ist dort ein Vermerk für das genaue Alter des Objekts zu finden, gilt dies als eine Art Garantie. Der erworbene Gegenstand kann dann noch einmal vor Ort durch einen Antikhändler geprüft werden. Sollte sich die Beschreibung des Onlineverkäufers als falsch erweisen, sollten Käufer von ihrem Widerrufsrecht Gebrauch machen.

KAPITEL 6

Eine Frage der Gewöhnung

Etwa vierzehn Tage nach dem Zusammentreffen mit dem Filmteam klingelte das Telefon. Mein Vater ging ran, wechselte kurz ein paar Worte mit dem Anrufer und streckte mir den Hörer entgegen.

»Es ist für dich«, meinte er erwartungsvoll. »Das Fernsehen.«

»Echt jetzt?« Ich sah ihn fragend an, als ich den Hörer an mein Ohr presste.

»Hallo?«, sagte ich zögerlich, während mein Vater im Hintergrund bereits euphorische Siegeszeichen in Richtung meiner interessiert nähertretenden Mutter machte.

»Hallo, Fabian. Hier ist die Lissy von Eyeworks. Wir haben dein Castingvideo gesehen und würden dich gern zu einem persönlichen Vorstellungsgespräch nach Köln einladen.«

Mir stockte der Atem. War das ein Scherz? Sie wollten nicht meinen Vater, sondern mich in der Sendung haben? Das musste doch eine Verwechslung sein!

»Sie sprechen jetzt aber schon mit Kahl junior«, beeilte ich mich zu sagen, um das Missverständnis aufzuklären.

»Ich weiß«, lachte die Frau am anderen Ende der Leitung. »Das hat schon seine Richtigkeit.«

Nach einem aufschlussreichen, wenn auch kurzen Gespräch hatte ich alle nötigen Informationen beisammen und säuberlich auf einem Zettel notiert. Ich war tatsächlich in die Endauswahl gekommen und sollte mich in Köln direkt bei der Produktion persönlich vorstellen. Dort wollte man feststellen, ob ich die nötige Kompetenz und das fachliche Know-how mitbringe, um in einer Sendung zusammen mit vier weiteren Händlern zu bestehen. Ich war so unendlich aufgeregt und wusste nicht recht, wie mir geschah. Hatte ich mich als frisch gebackener Antikhändler wirklich gegen so viele kompetente und erfahrene Bewerber und Kandidaten durchsetzen können oder erlaubte sich hier jemand einen Scherz auf meine Kosten? Ich entsprach ja nun nicht gerade dem Klischeebild des mit einer Lesebrille über einem verstaubten Buch in seinem Laden sitzenden Händlers, den man doch sicher in einer solchen Sendung erwartete. Ganz und gar nicht. Mit meinen 21 Lenzen, den zu einem Sidecut rasierten Haaren, Piercings in Ohren, Nase und Mund und gedehnten Ohrläppchen wirkte ich für alles passend, nur nicht für eine gediegene Nachmittagssendung im Zweiten Deutschen Fernsehen. Aber gerade dieser Gegensatz war es, der die ganze Sache auch für mich so spannend machte. Hier hatte ich die Chance, etwas völlig Neues auszuprobieren. Etwas, das es in dieser Art noch nicht gab.

Menschen mit einem Äußeren wie dem meinem werden auch heute noch mitunter argwöhnisch von der Gesellschaft betrachtet. Das liegt vermutlich daran, dass die ältere Generation diese Arten des Körperschmucks meistens mit im Gefängnis sitzenden Straftätern verbindet, die sich im Knasthof von Mitinsassen tätowieren lassen. Dabei ist er ein Indiz für die neue Generation, die Jugend, die die Tätowierung und das Piercing längst nicht mehr als Körperverstümmlung ansieht, sondern diese in einen Ausdruck des inneren Seins und Lebensgefühls hebt oder sie einfach als ästhetisch empfindet. Ich stehe voll und ganz hinter Körperschmuck jeglicher Art. Natürlich birgt es immer ein gewisses Risiko, seine Haut auch an deutlich sichtbaren Stellen mit der Nadel zu bemalen oder sich Piercings stechen zu lassen. Da beginnen die Probleme oft schon am Ende der Schulzeit im Sportunterricht und können sich bis ins Arbeitsverhältnis durchziehen. Arbeitgebern muss die Körperverzierung nicht gefallen, und in einigen Berufen birgt das Tragen von Piercings sicher auch ein gewisses Risiko. Aber nichtsdestotrotz wünsche ich mir generell einen anderen, einen offeneren Blick auf diese Kontroverse. Bilder unter der Haut erzählen eine Geschichte. Sie sind einem Entwicklungsprozess unterlegen, und selbst wenn die bemalte Person ihre Entscheidungen später einmal bereuen sollte, so war es doch in dem Moment des Entstehens ein wichtiger Schritt und betrifft letztendlich nur die Person selbst.

Ich bin, glaube ich, selbst ein gutes Beispiel dafür, dass Individualität mehr zählt als gesellschaftliche Angepasstheit. Mein Äußeres habe ich nie nach dem gerichtet, was gerade in war oder wie mich meine Eltern gern gesehen hätten. Ich hatte immer meinen eigenen Stil und einen eigenen Kopf, der sich nicht um Konventionen schert. Manche mögen es als aufsässig und rebellisch deklarieren, ich sehe das jedoch etwas anders. Ich habe immer nur mich selbst verändert, habe hier und da mal nicht auf meine Eltern gehört, weil ich wusste, dass sie sich schnell an all die Neuheiten gewöhnen würden, und so war es letztlich auch. Ich weiß noch, wie ich mir mein Nasenpiercing stechen ließ, mit achtzehn Jahren wohlgemerkt. Als ich heimkam, stellte ich mich in der Stube auf und ließ meine Eltern von selbst darauf kommen, was sich an mir verändert hatte. Ein paar Monate zuvor hatte ich mir bereits meine Lippe durchstechen lassen, also waren sie an die Veränderungen bereits gewöhnt. Dachte ich. Doch ehe ich mich versah, entbrannte eine heftige Diskussion darüber, ob das so weitergehen könne und wo das alles hinführen sollte, wo es anfing und wo es aufhören würde. Ich nickte oder schüttelte hin und wieder vorsichtig den Kopf, und mein schwarzer Nasenring klimperte dabei fröhlich auf und ab, und ich fand es toll. Nachdem der erste Sturm sich gelegt hatte, wurde ich ein paar Tage lang noch abgeschreckt beäugt und hin und wieder murmelte mein Vater seine Gedanken in seinen Bart, aber mit einem Mal war die ganze Sache zur Normalität geworden. Wenn ich heute ohne meine Piercings zu meinen Eltern fahren würde, dann hieße es mit entsetztem Blick von meinem Vater: »Fabian, irgendwas fehlt. Das bist nicht du. Kerstin, komm doch mal und schau ihn dir an. Das ist nicht unser Junge.«

Es ist eben alles nur eine Frage der Sicht und der Gewöhnung. Entscheidend ist immer nur eines: Das menschliche Wesen wird nicht definiert durch seinen Körperschmuck, sondern durch das, was herauskommt, sobald es den Mund aufmacht. Die Sprache, die Artikulation und die Sympathie spielen eine viel größere Rolle im Miteinander als die Optik. Wenn diese Aspekte passen, machen sie das Äußere zu einer interessanten Nebensache, welche am Ende durch ihre vermeintliche Gegensätzlichkeit noch positiv gewertet wird.

ᴄ~ Expertentipp: Druck durch Drucke ~୭

Wer schon einmal auf einem Trödel- oder Antikmarkt Ausschau nach einem Gemälde gehalten hat weiß, wie schwer es ist, in der Vielzahl der dort angebotenen Bilder ein »Schätzchen« zu entdecken. Bei einem Bild für die eigene

Wohnungseinrichtung ist es eine Sache des eigenen ästhetischen Empfindens. Hierbei sollte man nur erkennen können, ob es sich um einen Druck oder ein wirklich gemaltes Bild handelt. Wenn man jedoch anstrebt, Gemälde auch für den Handel zu kaufen, bedarf es ein wenig mehr Erfahrung.

1. Druck oder kein Druck? Das ist hier die Frage

Zu Gemälden jeglicher Kunstrichtung und jeden Alters gibt es immer auch gedruckte Exemplare. Viele werden als Kunstdruck gekennzeichnet, mit Copyright-Zeichen und Herausgebernachweis. Doch es finden sich immer wieder vereinzelte Werke, die auf den ersten Blick den Anschein machen, ein Original zu sein und von Weitem schon die Blicke von Antikbegeisterten auf sich ziehen. Solche Kunstfälschungen wurden in den 1980- und 1990er-Jahren sogar teilweise für das Original gehalten, als man den raffinierten Tricks der Kunstfälscher noch nicht auf die Schliche gekommen war.

Die einfachste Art eines Drucks ist der normale Raster-Farbdruck auf flächigem Papier. Man kann ihn ganz einfach enttarnen, indem man mit der flachen Hand über die Bildoberfläche streicht. Ist diese ganz glatt, ohne Erhebungen durch Farbauftrag mit einem Pinsel, so ist es ein Druck. Bei Aquarellen wird diese Testtechnik jedoch zu einem Problem, denn Aquarellfarben hinterlassen in der Regel keine merkbaren Spuren auf dem Untergrund. Hier ist eine Lupe mit zehnfacher Vergrößerung sehr hilfreich, denn sie macht das feine farbige Punkteraster eines Drucks sichtbar. In jedem Falle gilt: Wenn man ein Raster entdecken kann, ist es nicht gemalt.

2. Ein Druck in Öl macht noch lange kein Gemälde

Die perfideste Form der irreführenden Druckverfahren ist wohl der Öldruck. Er macht auf den ersten Blick einen sehr guten Eindruck. Die Farben sind frisch und Pinselspuren scheinbar deutlich zu erkennen. Oftmals ist er sogar mit Firnis überzogen, der künstlich gealtert wurde. Dies findet sich vor allem bei Kopien aus dem altmeisterlichen Bereich. Wenn solche Bilder auch noch mit zeittypischen Rahmungen versehen werden, fällt man leicht auf eine Fälschung herein. Um diese Drucke zu enttarnen, muss man das Gemälde ins Licht halten, sodass sich die Sonne oder eine Lichtquelle auf der Oberfläche spiegeln kann. Dieser Test macht die einzelnen Pinselspuren leichter sichtbar. Meistens besteht ein Öldruck aus einem Rasterdruck über welchen man im Öldruckverfahren eine farblose, durchsichtige Ölfläche aufgetragen hat, die zwar in ihrer Beschaffenheit den Pinselstrich des Künstlers darstellen soll, ihn jedoch nur in groben Zügen und völlig willkürlich nachahmen kann. Die vermeintlichen Pinselstriche folgen nicht den dargestellten Objekten im Bild selbst, sondern sind kreuz und quer über das »Gemälde« gewischt und verstreut. Bei näherer Betrachtung mit einer Lupe ist auch hier oftmals ein Rasterdruck erkennbar.

3. HandBEMALT ist nicht handGEMALT

Es gibt eine Kategorie, sozusagen die Königsdisziplin der Kunstdrucke, die selbst die erfahrensten Kunsthändler ab und an zum Rätseln bringt: die handkolorierten Kunstdrucke. Hierbei handelt es sich um Öldrucke, die zusätzlich noch in Handarbeit bemalt wurden und somit für Laien wie für Profis eine Falle darstellen. Man sieht in der Regel kein gedrucktes Raster mehr, die Oberfläche sieht aus wie gemalt und auch der Firnis macht einen wunderbaren und originalen Eindruck. Und doch ist es eine Kunstfälschung. Um diese zu entlarven, ist es notwendig, sich die Rückseite des Gemäldes genauer anzusehen. Soll das Gemälde beispielsweise aus dem 17. Jahrhundert stammen, so sollte auch das Material, auf dem es gemalt wurde, in diesem Falle meistens Holz, aus dieser Zeit stammen. Das Holz ist grob gearbeitet und trägt sichtliche Alterungsspuren. Wenn es sich um eine Leinwand aus dieser Zeit handelt, sollte diese von grober Beschaffenheit und dunkler Färbung sein. Dies zu erkennen ist jedoch ohne Übung und Erfahrung kaum möglich. Wer unsicher ist, ob es sich um eine Fälschung oder ein Original handelt, sollte im Zweifelsfall lieber die Finger davonlassen oder beim Antikexperten seines Vertrauens nachfragen. Für ihn ist eine Ferndiagnose oft auch schon per Foto machbar.

KAPITEL 7

Ein Pfeil in der Athene

Ich fuhr also in Begleitung meiner Freundin Sam nach Köln, um mich bei dem Team des neuartigen Fernsehformats persönlich vorzustellen. Wir hatten uns ein paar Tage zuvor überlegt, dass wir, wenn wir schon einmal ganz im Westen der Republik sind, ebenso gut auch in die Niederlande, genauer gesagt nach Amsterdam weiterfahren könnten, um uns endlich den langgehegten Wunsch eines Besuchs im Van Gogh Museum zu erfüllen. Gesagt, getan. Wir packten alles Nötige in den von meiner Mutter geliehenen dunkelroten VW T4, einen kleinen Transporter, in dem wir all unsere Sachen gut verstauen konnten, inklusive einer Matratze und Schlafsäcken zum Übernachten. Ich hatte gerade einmal genug Geld für die Hin- und Rückfahrt, für Essen und für den Museumseintritt dabei. Eine Übernachtung für zwei Personen in einem Hotel war da nicht drin, und überhaupt war die Fahrt nach Köln für mich nur möglich, da die Produktionsfirma mir die Spritkosten erstattete.

So fuhren wir also in eine für mich bis dahin fremde Stadt. Den Kölner Dom kannte ich natürlich von Fotos und aus zeitgeschichtlicher Literatur, aber es war schon etwas anderes, nach fünf Stunden Fahrt vor diesem Monumentalbau gotischer Architektur zu stehen und staunend, den Kopf in den Nacken gelegt, die oberen Spitzen der steil aufragenden Türme zu erahnen. Nach einer Besichtigungstour im Inneren des Doms verließen wir ihn eindrucksschwer wieder und begaben uns zum eigentlichen Ziel unserer Reise: dem Hauptgebäude der Fernsehproduktion in der Kölner Innenstadt.

Das Navi lenkte uns in eine kleine, sehr schmale Seitengasse und teilte mir mit, dass der Zielort erreicht sei. Ich schaute mich um, fuhr in die Tiefgarage des mehrstöckigen Siebzigerjahre-Baus und suchte nach einer Parkmöglichkeit. So langsam wurde ich nervös. Was würde heute bei dem Gespräch auf mich zukommen? Was würde man von mir erwarten? Würde ich diesen Erwartungen gerecht werden? Schließlich ging es hier um eine Fernsehproduktion, welche mit hohen Investitionen seitens der Firma verbunden sein musste, und mir war klar, dass das heutige Gespräch mir möglicherweise ganz neue Türen öffnen würde.

»Bleib einfach du selbst«, sagte ich mir immer wieder. Zum Glück bin ich ein Mensch, der zwar aufgeregt und nervös sein kann, sich aber nicht verrückt macht. Je länger ich darüber nachdachte, desto stärker wurde mir bewusst, dass die Produktionsleute das, was sie als abschreckend oder unbrauchbar für eine solche Sendung hätten empfinden können – die Piercings und die abrasierten Haare –, bereits auf dem kurzen Castingvideo vom Antikmarkt gesehen haben mussten. Offensichtlich hatte es sie nicht davon abgehalten, mich heute hierher einzuladen.

Für mein Verständnis der Welt ist es ein großer Schritt nach vorn, dass Menschen in Chefetagen und Vorständen diese Art des Körperkults heute nicht mehr automatisch mit verlorenen Existenzen, Knastis und Verbrechern gleichsetzen, sondern ihn als das akzeptieren, was er ist: Ausdruck inneren Seins oder einfach des persönlichen ästhetischen Empfindens. Und solange es keine politischen Abbildungen oder Sprüche auf der Haut der Mitarbeiter zu lesen gibt, welche mit der firmeneigenen Politik kontrahieren, sehe ich keinen Grund, jemanden wegen seines Körperschmucks nicht einzustellen. Ich kann mit Stolz behaupten, dass man mir trotz meines andersartigen Äußeren immer mit Respekt und Achtung begegnet ist.

Wir wurden im Empfangsbereich der TV-Produktion sehr freundlich begrüßt, und ich wurde, ohne lange warten zu müssen, in einen hellen Besprechungsraum gebeten, während Sam im Wartebereich Platz nahm.

»Willkommen, wir freuen uns, dass du hier bist, Fabian«, begrüßte mich ein hochgewachsener, schwarzhaariger Mitfünfziger im dunklen Jeanshemd, der sich als der der verantwortliche Redakteur vorstellte. Er bat mich mit einer schwungvollen Handbewegung, an der linken Kopfseite eines sehr langen Tisches Platz zu nehmen.

Mit ihm und mir befanden sich noch zwei weitere Herren in dem Eckzimmer, durch dessen Glasfront man die Spitzen des Doms hinter der gegenüberliegenden Hauswand hervorblitzen sah. »Ich hoffe, du bist gut durch den Verkehr gekommen. Von Leipzig ist es ja eine ganz schöne Strecke bis Köln. Wie lang fährt man da?«

Ich gab den anderen Herren die Hand und wurde skeptisch, aber interessiert beäugt, während ich mich an den freien Platz setzte.

»Ich bin fünf Stunden gefahren. Wir mussten uns noch durch einen Stau schlagen. Ich brauche endlich mal ein Navi, das mich bei solchen Staus umleitet.« Während ich sprach, setzten sich die anderen ebenfalls zu mir an den Tisch. Ich bekam ein Glas Wasser, und der Redakteur stellte mir die Anwesenden vor. Am Tisch saßen noch der Regisseur und der Redaktionsleiter.

Ich hatte diese Begriffe noch nie zuvor gehört, denn mit der Medien- und Fernsehbranche hatte ich mich bisher nicht beschäftigt. Wer rechnet denn auch damit, dass man auf einmal in solch eine Situation kommt? Wie ich jetzt weiß, geht es oft schneller, als man denkt.

Nun erfuhr ich zum ersten Mal von dem Konzept der Sendung, welche mir sehr nah am echten Leben zu sein schien und ohne Drehbuch oder Schauspielerei auskommen sollte. Ein Format, das die fachliche Welt der Antiquitäten und Kunstgegenstände durch alle Epochen hinweg erklärt und veranschaulicht und gleichzeitig auch die Seite der Expertise, des Handelns und des Verkaufens dieser Dinge beleuchtet, moderiert von Sternekoch und Publikumsliebling Horst Lichter.

»Könntest du dir vorstellen, in einem solchen Format dabei zu sein? Als Jüngster in der Runde müsstest du dich natürlich erst vor so alten Hasen wie Ludwig Hofmaier beweisen. Er kommt aus Regensburg und ist seit über fünfzig Jahren Antikhändler. Das ist einiges an Erfahrung, die er mitbringt«, erklärte der Redaktionsleiter. »Aber wie wir wissen, hast du vieles von deinem Vater gelernt und scheinst offenbar auch auf Antikmärkten zu verkaufen. Das könnte funktionieren. Wie sieht es mit deiner Bonität aus?«

Bei der Frage zuckte ich zusammen. Bonität? Geld hatte ich keines. Ich hatte nach wie vor keine eigene Erwerbsquelle, sondern unterstützte meine Eltern in unserem Antiquitätenbetrieb.

»Ich könnte mir bei meinem Vater etwas leihen«, sagte ich etwas kleinlaut und dachte im gleichen Moment, dass das wohl das Letzte war, was die Herren von mir hören wollten. Ich setzte mich aufrecht. »An Fachwissen mangelt es mir jedoch nicht«, schob ich deshalb schnell hinterher. »Ich weiß natürlich bei Weitem nicht alles, und ein Händler, der fünfzig Jahre im Geschäft ist, wird viel mehr Erfahrung mitbringen als ich. Aber ich bin wissbegierig, kenne mich im Handel mit den gesuchten

Dingen aus und weiß vor allem über die Entwicklung der Preise auf dem Kunstmarkt sehr gut Bescheid. Das ist für einen Händler letztendlich ja entscheidend.«

»Und wie sieht es mit deiner Kameraerfahrung aus?«, wollte der Regisseur nun wissen.

»Ich stand noch nie vor einer Kamera und habe schon bei dem Casting gemerkt, dass das freie Sprechen bei laufender Aufzeichnung noch nicht so gut läuft, wie ich es eigentlich gern hätte«, antwortete ich wahrheitsgemäß. »Ich war sehr nervös und hatte meine Gedanken nicht ganz beisammen, aber ...«

»Darüber mach dir keine Gedanken«, unterbrach mich der Regisseur lächelnd. »Ihr seid ja nicht als Schauspieler in der Sendung. Ihr macht, was ihr immer macht. Genau so, als ob es ein normaler Arbeitstag für euch wäre. Nur, dass wir euch dabei filmen werden. Anfangs wirst du die Kameras sicher noch bemerken, aber mit der Zeit wird sich Normalität einstellen und du wirst sie nicht mehr wahrnehmen. Ihr sollt nicht schauspielern. Es wird keine Vorgaben geben. Keine Anweisungen. Keinen Text, den ihr lernen und auswendig herunterbeten sollt. Sei einfach du selbst. Das ist das Wichtigste.« Und mit einem Augenzwinkern fügte er hinzu: »Vorausgesetzt natürlich, wir entscheiden uns für dich.«

Ich musste im weiteren Verlauf des Gesprächs noch so manche Frage zu meiner Person, zum Antikhandel allgemein, meinem Werdegang, meiner Selbsteinschätzung zum Bestehen neben erfahrenen Händlern und natürlich auch zu meiner Bonität beantworten. Klar, die Produktionsfirma und auch der Sender mussten sichergehen, dass ich das packen würde und die richtige Wahl war.

Mir wurde im Lauf des mehrstündigen Gesprächs klar, was für eine tolle Chance der Schritt in diese Sendung und damit in die Öffentlichkeit für mich bot. Ich hätte Spaß daran. Das

Handeln liegt mir im Blut. Ich könnte endlich mein Hobby zum Beruf machen und meinen eigenen Weg gehen. Aber so viel, wie ich auch erzählte und versuchte, die Herren vor mir zu überzeugen, eine endgültige Entscheidung wurde an diesem Tage noch nicht getroffen.

Nach dem Gespräch verabschiedeten wir uns freundlich und ich wurde nach draußen begleitet. Meine Freundin wartete erwartungsvoll auf mich und wollte natürlich alle Einzelheiten des Gesprächs erfahren. Ich berichtete ihr vom Gesprächshergang und dass ich leider noch nichts Genaues wüsste und noch keine Zusage erhalten hätte.

»Gut möglich, dass ich ihnen ein zu unsicherer Kandidat bin«, sagte ich etwas bedrückt, obwohl die Stimmung beim »Bewerbungsgespräch« eigentlich ganz ausgelassen schien. Jedoch habe ich mir im Leben eines angewöhnt: Lieber nicht allzu euphorisch sein, statt am Ende enttäuscht zu werden. Das mag wie eine pessimistische Weltsicht anmuten, doch ich bin der Meinung, dass man nur positiv überrascht werden kann, wenn man sich die Dinge nicht allzu begeistert ausmalt. Mir hat diese Denkweise schon viele positive Überraschungen und stärkende Euphorieschübe beschert.

Und so stiegen wir wieder in den Wagen und fuhren nach Amsterdam. An diesem Tag ging ein Traum für mich in Erfüllung. Ich habe mich viele Jahre lang mit den Werken Vincent van Goghs auseinandergesetzt, sogar begonnen, ihn zu kopieren und seine Ideen in abgewandelter Form als Inspirationsquelle meines eigenen Schaffens zu nutzen. Wenn man in sich den Drang nach eigener künstlerischer Entfaltung verspürt, gibt es, so war es zumindest bei mir, nichts Schöneres, als einen Künstlerkollegen an seiner Seite zu wissen. Mein Kollege war zwar bereits 1890 verstorben, nachdem er sich in einem Kornfeld mehrmals in den Bauch geschossen hatte und ein paar Tage

86

später seinen Verletzungen erlag, aber für mich war er allgegenwärtig.

Das Kornfeld verarbeitete er auch in einem seiner letzten Werke. Ein gewittrig schwerer, von dunkelblauen Wolken durchzogener Himmel liegt schicksalsschwer über einem sich unter der Last beugenden, weizengoldenen Kornfeld. Schwarze Schemen tauchen aus dem Licht ein ins dunkle Blau. Es sind Raben, die, vom grollenden Donner aus der Ferne aufgeschreckt, davonfliegen. Die Luft liegt wuchtend über den drei Feldwegen, von denen sich einer bis zum Horizont erstreckt, und drückt die Halme am Wegrand zu Boden. Hier stand Vincent, malte, bis die ersten Regentropfen zu Boden rasselten, und entschied sich für einen der Wege, der ihn letztlich zum seinerseits ersehnten Ableben führte. In gewisser Weise stand auch ich gerade, wenn auch nicht auf lebensbedrohliche Art, an einem Wendepunkt meines Lebens mit mehreren begehbaren Wegen.

Die Identifikation mit Vincent half mir damals in meinem Schaffen unheimlich weiter, und ich schöpfte eine Ideenvielfalt im Anklang an seine Werke. Wahrscheinlich wäre mein eigener Stil merklich von ihm beeinflusst worden, wenn ich nicht 2008 meine künstlerische Laufbahn aufgegeben hätte. Dabei war es nicht so, dass ich von jetzt auf gleich beschlossen hätte, nicht mehr malen, zeichnen oder schreiben zu wollen. Eher war es ein schleichender Prozess, eine Kreativitätsverlagerung hin zum Handel mit Kunst, welchem ich genauso viel Herzblut und Engagement entgegenbringe wie dem kreativen Schaffen in der Zeit davor.

Das Œuvre Vincent van Goghs beeindruckt mich bis heute, und an jenem Tag in Amsterdam gingen mir in Anbetracht der Vielzahl und Auswahl der Bilder in dem neugebauten Museumskomplex die Augen über. In jedem Raum quollen die zähflüssig-pastosen Farben fast schon aus den Gemälden heraus, um ihres Schöpfers tief empfundenem Weltschmerz auch außerhalb der Gemälderahmung Ausdruck zu verleihen. Ich stellte mich vor jedes einzelne Bild, schaute sie mir von nah und fern an und folgte den dickflüssigen Ölfarbespuren meines Künstleridols. Wie oft hatte ich mir in Fachbüchern und Hochglanzmagazinen über Kunst die Nase über seinen Werken plattgedrückt, um Gemäldedetails zu erkennen und bloß keine Nuance eines Bildes zu verpassen. Und nun stand ich mit all diesen Bildern um mich herum in einem Raum und konnte die Eindrücke kaum in mich aufnehmen und verarbeiten, sondern sprudelte über, jauchzte hier und da hell auf vor Freude oder verfiel in regungslose Ehrfurcht.

Leider hatte ich das Gefühl, dass es nur mir so ging. Um mich herum liefen die Smartphones mit ihren angedockten Menschen als Steuerungskonsole umher, schossen bei jedem zweiten Gemälde ein Foto mit Blitzlicht oder posierten mit Peace-Fingern und mit den berühmten Sonnenblumen im Hintergrund für die Kamera. Alles lief wild durcheinander, postete, lachte, tuschelte und vergewisserte sich seiner Likes und steigender Followerzahl mit zum Handy gesenktem Kopf. Fotografiert hatten sie alles, doch gesehen hatten sie wahrscheinlich nichts. Ich und, wie ich mit einem fragenden Blick zur Seite hin bemerkte, auch meine Freundin Sam waren ein wenig genervt, verzogen uns alsbald in abgelegenere Räume und atmeten tief durch, bevor wir uns wieder den Gemälden zuwandten.

Es ist unnötig, Fotos von berühmten Gemälden oder Kunstwerken zu machen. Diese findet man hundertfach im Internet in hoher Auflösung, bester Ausleuchtung und grandioser Inszenierung zum Downloaden und Posten. Beschaut die Welt nicht nur durch eure Smartphones! Sie nehmen mehr, als sie vermeintlich geben. Ein wohlüberlegter Umgang mit der Technik ist gerade in unserer heutigen Welt sehr wichtig. Und gerade an Orten wie Museen, welche ein Hort der Ruhe, der Besinnung und der Inspiration sein sollten, gleicht ein ständig klickendes, aufblitzendes Smartphone oder Tablet einem tödlichen Pfeil im sinnlichen Körper der Athene, der griechischen Göttin der Künste.

ᥱ᠊ Expertentipp: Gemälde ᠊᠍ᥩ

Der Umgang mit Gemälden ist oft holprig und ihr Wert für Laien schwer einschätzbar. Durch Erbschaft, eine Haushaltsauflösung oder andere Umstände kommt man plötzlich mit diesen Dingen in Berührung und gelangt schnell an einen Punkt, an dem man ohne fachmännischen Rat nicht weiterkommt. Neben der Überprüfung, ob es sich um einen Druck oder ein Originalgemälde handelt, die ich bereits im vorigen Kapitel behandelt habe, sind folgende Punkte zu beachten.

1. Farbträger

Gemälde wurden auf den verschiedensten Farbträgern geschaffen, und dabei wurde eine Vielzahl an Farben und Techniken angewandt. Man sollte zunächst die Beschaffenheit des Untergrundes genau unter die Lupe nehmen. Es kann sich um Malpappe, Sperrholzplatte, Vollholz oder Leinwand handeln. Seltener sind Kupfer- oder Metallplatten und Stein. Die Farbträger können für die Altersbestimmung eines Gemäldes ein wichtiges Indiz darstellen.

2. Farben

Es gibt die unterschiedlichsten Farben und Maltechniken. Angefangen mit der Bleistift-, Tusche-, Rötel- oder Kreidezeichnung über Pastell-, Aquarell-, Acryl- und Gouachemalerei bis hin zum Ölgemälde, um nur ein paar zu nennen. Sogar Likör kommt in der Kunst zum Einsatz. Udo Lindenbergs »Likörelle« erfreuen sich großer Bekanntheit. Je nachdem, für welche Farben der jeweilige Künstler bekannt ist, werden Gemälde und Bilder in eben dieser Technik höher bezahlt als Kunstwerke, die mit anderen Farben geschaffen wurden. Von höchstem Marktwerk sind meistens die Ölgemälde.

3. Signatur

Das Eruieren des Künstlers kann in den meisten Fällen eine hilfreiche Stütze bei der Preisfindung sein. Es ist nicht immer leicht, eine Signatur ausfindig zu machen. Sie kann im Bild gut versteckt an einem gemalten Stein oder einem Ast geschrieben sein oder sie wurde über die Jahre durch zu viel Dreck und Firnis überdeckt. Meistens jedoch findet sie sich links- oder rechtsseitig am unteren Bildrand oder bei Portraits auch gern in der oberen Bildfläche. Hat man den Künstlernamen einmal ausfindig machen können, ist es ratsam, nach diesem im Internet zu recherchieren. Dort findet man in der Regel reichlich Informationen über die meisten Künstler und kann sich über den Wert der Werke eines Künstlers informieren. Hierbei ist aber dringend zu beachten, dass momentan angebotene Objekte noch lange keine verkauften Objekte sind. Für Händler und Sammler zählen nur die wirklichen Verkaufspreise, um eine Werteinschätzung zu bekommen.

4. Motiv

Entscheidend für den Wert eines Gemäldes ist letztendlich in jedem Falle das Motiv. Auch hier gibt es Künstler, die sich auf ein bestimmtes Genre spezialisiert haben. Diese Gemälde können Höchstpreise erzielen, wohingegen andere Motive vom gleichen Maler am Kunstmarkt gar nicht ankommen. »Gefälligkeit« und »Komposition« sind zwei Maßeinheiten zum Bewerten eines Bildmotivs. Trifft das Gemälde den Goldenen Schnitt, ist es herkömmlich oder eher eigenwillig komponiert, hält es eine tiefere Aussage bereit oder soll es nur ästhetisch sein und entspricht dabei dem momentanen Geschmack der Zeit? Dabei ist aber nie zu vergessen, dass die Kunst im Auge ihres Betrachters liegt.

5. Zustand

All das wird jedoch gemindert, wenn der Zustand eines Gemäldes nicht optimal ist. Abschabungen an der Farbe oder gar Risse können, je nach Tiefe und Größe, zu einer enormen Wertminderung führen. Auch restaurierte Stellen, mögen sie noch so fachmännisch angegangen worden sein, mindern den Preis für ein Gemälde. Restaurationen sind mit bloßem Auge oft kaum auszumachen. Hierzu empfiehlt sich das Betrachten des Bildes mithilfe einer UV-Lampe, da sie die überarbeiteten Stellen hervorhebt und so besser sichtbar macht.

6. Rahmung

Die Rahmung eines Gemäldes kann für dessen Ästhetik maßgeblich unterstützend sein. Der Rahmen sollte passend ausgesucht werden oder, wenn möglich, sogar aus der Zeit des zu rahmenden Gemäldes stammen. Vergoldete Stuck- oder Gipsrahmen sind mit Vorsicht zu transportieren, da diese leicht brechen. Dafür sind sie häufig zu finden und meistens günstiger als die qualitativ hochwertigeren handgeschnitzten Holzrahmen. Bei Rahmen gilt: Erlaubt ist, was gefällt, denn für den Wert eines Gemäldes an sich haben sie keine Aussagekraft.

KAPITEL 8

Zurück in die Realität

Wieder auf Schloss Brandenstein konnte ich die Füße nicht mehr stillhalten und lief unruhig und nervös vor Anspannung im Zimmer auf und ab. Der alte Parkettboden knarzte unter meinen Schritten, und in meinem Kopf hörte es sich so an, als würde er jeden Moment zu einem riesigen Graben aufreißen und mich unverhofft in einem Stück verschlingen wollen. »Diese Warterei macht mich krank!«, rief ich und raufte mir die Haare. Es war totenstill im Haus, außer mir war niemand da, doch in mir tobte eine nach Antwort dürstende Unruhe wie ein stürmisch aufgewühlter Ozean und ließ den Raum um mich herum erzittern und geräuschvoll beben. Es kam mir vor, als müsste ich jede Sekunde wachsam sein, da vielleicht in einem unachtsamen Moment das Telefon klingeln und ich die große Chance verpassen könnte. Vor zwei Tagen hatte es nach einem kurzen Telefonat mit einer Dame der Produktionsfirma geheißen, dass sie sich heute bei mir melden wollten, um mir den endgültigen Stand der Dinge mitzuteilen. Ich solle mich noch etwas gedulden. Die wichtigen Entscheidungen seien noch nicht getroffen, aber ich sei in der Endauswahl dabei.

Meine Nerven spannten sich mit jeder verstreichenden Sekunde des voranschreitenden Tages wie die drahtigen Seile der

Netze eines Fischerbootes auf hoher See. Ich war in meinem Leben noch nie so angespannt gewesen wie an diesem Tag. Der Anruf sollte bis in die Abendstunden auf sich warten lassen. Um sieben Uhr morgens klingelte an diesem Tag mein Wecker, doch wach lag ich bereits seit halb sechs, und so schien es mir, als wolle der Tag anfangs nicht beginnen. Er schlich voran, so als ob er meine Geduld auf eine Zerreißprobe stellen wollte, und rutschte ganz langsam, wie in Zeitlupe, vorwärts. Je später es allerdings wurde, desto mehr verstrichen die Stunden wie Minuten, verknüpft mit Befürchtungen und aufsteigender Enttäuschung darüber, dass das Telefon immer noch nicht geläutet hatte. Gedanklich nahm ich eine große Schere aus der Küchenschublade und zerschnitt damit die letzte Faser meines Geduldsfadens. Ich sah zur Uhr. »Schon halb sechs«, murmelte ich vor mich hin. »Die sind doch nur bis achtzehn Uhr im Büro.« Mein Blick schnellte nervös zwischen den Zeigern der laut vernehmbar tickenden Uhr und dem ernüchternd geräuschlosen Telefon hin und her. Ich hätte auch meine Handynummer angeben können, aber in Brandenstein ist der Empfang sehr schlecht und ich wollte unter keinen Umständen riskieren, dass irgendetwas schieflief und ich im entscheidenden Moment nicht erreichbar war.

Drei helle Glockentöne, gefolgt von sechs metallisch brummenden Schlägen, durchdrangen die Stille des Raumes. Die Viertelstundenrepetition der Uhr schlug dreiviertel sechs. Die Töne hallten noch etwas in den steinernen Mauern nach. Dann verstummten sie und nur das monotone »Tick ... Tack ... Tick ... Tack ...« des Pendels blieb zurück. Es fraß sich wie ein fleischlüsterner Wurm in meinen Kopf. Beständig grabend und immer tiefer fraß er sich seinen Weg und öffnete die Tore der ungeschönten Enttäuschung.

Niedergeschlagen und geknickt saß ich auf der Wohnzimmercouch und schob mit den Zehen den auf dem Boden ausgebreiteten Fransenteppich hin und her, während sich meine Gedanken haltlos durch einen gegenstandslosen Raum drehten. Enttäuschung ist wie ein schwarzes Loch, das alle Euphorie und Hoffnung aufsaugt und scheinbar unauffindbar verwahrt. Man tappt mit geöffneten Augen und nach vorn gestreckten Armen irrend im Dunkeln und starrt ins Leere. Ich wusste nicht mehr, was ich denken sollte, und genau genommen wollte ich auch nichts mehr denken. Die Uhr schlug erneut. Achtzehn Uhr. Ich hätte sie am liebsten von der Wand gerissen und genüsslich zugesehen, wie sie im hohen Bogen aus dem Fenster flog, um dann am Boden auf einem der aufragenden Felsen zu zerschellen. Ihr Mahagoniholz wäre zerborsten und das Sichtglas klirrend in tausend Scherben zersplittert. Stattdessen schien sie mich hämisch anzugrinsen, während sie ihren Minutenzeiger unaufhaltsam von der zwölf auf die eins schob. Na wunderbar. Das war's jetzt. Die hätten mich schon längst angerufen, wenn ich dabei wäre, dachte ich und spürte Lethargie in mir aufsteigen.

Ich hatte mich rücklings auf die Couch gelegt und begonnen, Löcher in die Luft zu starren, die ich mit unzähligen zerfetzten Gedankenblasen ausfüllte, als ein mechanisches Geräusch die unwirklich schwere Stille durchzuckte. Ein Klingeln erreichte mein Ohr und durchdrang zugleich ansteigend lauter werdend das schwarze Loch in meinem Inneren. Anfangs bettete es mich im freien Fall weich ab und bremste diesen. Dann wurde es lauter und eine Hand griff nach der meinen und zog mich mit Wucht zurück in die Realität.

Ich sprang auf, rannte zum Telefon und nahm den Hörer ab. Ich konnte die Stimme am anderen Ende durch meinen eigenen heftig schlagenden Puls kaum verstehen. Das Blut zirkulierte stark durch meinen Körper und hallte als Rauschen im Inneren des Hörers wieder. Undeutliche Wortfetzen erreichten mich.

»Hallo?«

»Fabian, kannst du mich hören? Hier ist Susanne von Eyeworks.«

Ich zog den Schreibtischstuhl zu mir und setzte mich. Mein Puls beruhigte sich, und die Worte wurden klarer.

»Ja, ich verstehe dich«, sagte ich freudig mit bebender Stimme. »Schön, von euch zu hören.« Und etwas zögerlich fügte ich hinzu: »Ich hoffe, du hast gute Nachrichten für mich.«

Meine Gesprächspartnerin schwieg und atmete einmal laut und geheimnisvoll auf. »Welche Nachricht möchtest du zuerst hören?«, fragte sie und wies mir damit zwei Möglichkeiten auf. Die eine Variante hätte sein können, dass ich zwar von der Produktion ausgewählt worden wäre, sich das ZDF jedoch dafür entschieden hat, das Format nicht auf den Markt zu bringen. Die zweite Möglichkeit – und das war für mich die weitaus fatalere – wäre, dass sich sowohl das ZDF als auch die Produktion gegen mich entschieden hätten und ich somit so kurz vorm Ziel aus dem Casting ausgeschieden wäre. Bei so vielen Mitbewerbern nicht verwunderlich. Mein Magen krampfte sich zusammen, als ich fragte, was denn zur Auswahl stünde.

»Ich habe eine gute« – hier machte sie eine längere Kunstpause – »und eine sehr gute Nachricht für dich«, sagte Susanne freudig und hellte damit meine angespannte Stimmung sogleich deutlich auf. »Du hast es als Händler in die Sendung geschafft. Das wurde soeben beschlossen.«

Die Anspannung der letzten Tage, die schwer auf meinen Schultern gelastet hatte, verflog bei diesen Worten wie Nebel in der aufsteigenden Morgensonne. Alle Befürchtungen und Zweifel, die ich hatte, lagen zerschlagen am Boden, und ich tanzte freudenfeurig auf ihnen hin und her. Innerlich in höchste Euphorie versetzt, doch nach außen kühl bleibend, hörte ich mich sagen: »Na, da hat sich das Warten doch gelohnt. Ich freue mich sehr, das zu hören.«

Ich nahm das Telefon kurz außer Hörweite und vollführte ein kleines Freudentänzchen.

»Jetzt noch die sehr gute Nachricht«, sprach Susanne weiter.

Ich fragte mich, was wohl noch besser sein konnte, als überhaupt dabei zu sein.

»Der erste Dreh beginnt früher, als geplant. Das ZDF ist stark an der Umsetzung der ersten Pilotfolgen interessiert. Deshalb wäre für dich der erste Drehtag der erste Juli in Köln.«

»So schnell schon?«, fragte ich überrascht und musste zur Bestätigung des Termins nicht erst im Kalender nachschauen. Egal was an diesem Tag dringestanden hätte, ich hätte es verworfen, um nach Köln zu fahren.

»Jawohl«, sagte ich feierlich. »Ich bin definitiv dabei!«

»Sehr schön, da freuen wir uns. Deine Kollegen wirst du ja dann direkt am Set kennenlernen. Ihr seid im gleichen Hotel, also könnt ihr euch für ein erstes Kennenlernen auch im Hotel verabreden. Ein Fahrer holt euch morgens alle gemeinsam ab. Du bekommst von mir eine entsprechende Info mit der Dispo per Mail zugesendet.«

»Sehr gut. Jetzt bin ich doch etwas aufgeregt«, meinte ich zustimmend.

»Musst du nicht sein. Alles ganz entspannt. Wir freuen uns auf dich. Bevor ich es vergesse: Wir haben tolle Raritäten für euch gesucht und gefunden. Was genau, das kann ich dir natürlich nicht verraten, aber dass du mir nicht dein Geld vergisst«, lachte Susanne, und ich meinte zu ihr, dass ich meinen Kopf, wenn er nicht angewachsen wäre, wahrscheinlich vor der Abreise auf dem Schreibtisch liegenlassen und kopflos am Set erscheinen würde.

»Deinen Kopf brauchen wir auf jeden Fall fürs Fernseh-bild«, prustete Susanne. »Also, Kopf und Portemonnaie nicht vergessen. Ich packe dir die Infos am besten noch einmal mit in die Mail«, meinte sie kichernd. »Also, bis bald, Fabian!«

»Ja, bis bald. Und liebe Grüße an alle.«

»Richte ich aus«, sagte Susanne und legte den Hörer auf.

Ich konnte mein Glück nicht fassen.

ご～ Expertentipp: Porzellan ～の

Eines der am häufigsten zu findenden Dinge auf Antik-messen, Trödelmärkten oder auch im eigenen Haushalt ist das Porzellan. Es gibt es in verschiedensten Formen, seien es Service zum Speisen oder für einen gemütlichen Kaffeeklatsch, dekorative Appliken für die Wand oder viel-gestaltige Figuren. Aber welche dieser unzähligen Objekte unterschiedlichster Marken sind wirklich etwas wert?

1. Weißporzellan vs. bemaltes Porzellan

Ich unterscheide im Bereich Porzellan grundsätzlich zwi-schen Weißporzellan, also unbemalten, rein weißen Ob-jekten, und bemaltem Porzellan. Weißporzellan ist in den meisten Fällen preislich günstiger, da der Arbeitsschritt der Bemalung wegfällt und nicht bewertet werden muss. Vorsicht ist hier bei der Meißner Manufaktur geboten. Die-se fertigte ab 1710 sogenanntes Böttgersteinzeug. Objekte aus diesem Material sind erkenntlich durch ihren braunen Fond, der zum Teil schwarz- und/oder goldbemalt wurde. Auch das zählt zum Porzellan, und originale Stücke aus der Anfangszeit der Meißner Manufaktur erzielen Höchst-preise. Die 1710 gegründete Staatliche Porzellanmanu-faktur Meißen hatte es sich auf die Fahne geschrieben, Europas beste und hochwertigste Produkte aus Porzellan herzustellen. Schließlich wurde in Meißen unter August dem Starken durch einen gewissen Johann Friedrich Böttger, welcher eigentlich vom König veranlasst wurde, aus herkömmlichen Materialien Gold herzustellen, das erste Porzellan außerhalb Chinas hergestellt. Anfänglich war der Scherben braun und man malte vornehmlich in Gold die feinen Dekore darauf. Nach und nach wurde die Entwicklung jedoch verfeinert und der Porzellanscherben wandelte sich zu einem feinen weißen Gemisch, so wie man es heute kennt. Kurz darauf kamen auch andere Manufakturen auf die Rezeptur, und so war Meißen schnell nicht mehr die einzige, wohl aber bis heute die feinste Porzellanmanufaktur Deutschlands.

In Berlin eröffnete 1763 die Königliche Porzellanmanufaktur Berlin – kurz KPM, gegründet von Friedrich dem Großen, der in Potsdam auch das berühmte Schloss Sanssouci errichten ließ. Sie gehört zusammen mit der Meißner Produktion zu der berühmtesten Porzellanmanufaktur Deutschlands. In Meißen selbst eröffneten noch einige weitere Hersteller, welche fälschlicherweise oft für Meißen gehalten werden. Darunter sind die bekanntesten die Teichert-Werke, bekannt als »Bürgerlich Meißen« oder »Stadt Meißen« und erkenntlich an einer Unterglasur mit blauen Oval mit dem Schriftzug »Meißen«. In Thüringen eröffneten Mitte des 19. Jahrhunderts sehr viele kleine und größere Manufakturen, welche zum Teil versuchten, die Qualität von Meißen zu kopieren. Dies gelang zwar nicht hundertprozentig, doch durch diesen Ehrgeiz entstanden sehr schöne, eigenständige Entwürfe so mancher Porzellanfabrik. Ich denke da nur an die Schwarzburger Werkstätten, welche für ihre großen Tierabbildungen bekannt sind, oder die Aelteste Volkstedter Manufaktur in der Nähe

von Rudolstadt, die Künstler hervorbrachte, welche sogar
für Meißen entwarfen.

2. Eine Frage des eigenen Geschmacks

Porzellan kann man generell in zwei Kategorien einteilen:
zum einen Gebrauchsgeschirr wie Teller, Tassen, Kannen,
Terrinen oder auch ganze Service und zum anderen Figuren und dekorative Gegenstände. Für beide Arten des Porzellans gibt es unterschiedliche Sammlerkreise und je nach
Marke, Modell und Zustand hochwertige und günstige Objekte. Ich habe mich eher auf den Bereich der Porzellanfiguren spezialisiert.

3. Auf die Marke kommt es an

Der erste Blick sollte bei Porzellanen immer auf die Unterseite der jeweiligen Objekte wandern. Dort befindet sich in
den meisten Fällen die Marke der jeweiligen Manufaktur.
Sie ist das aussagekräftigste Indiz für die Preisfindung, da
sie, je nach Firma, vieles über die Herkunft, die Qualität
und das Alter verrät. Am Beispiel Meißen lässt sich das
sehr gut veranschaulichen. Die Manufaktur ist sehr auf-
fällig durch ihr Markenzeichen, die gekreuzten Schwerter.
Im Laufe der Jahrhunderte haben sich diese Schwerter
jedoch in Ausführung und Form verändert, wodurch sich
heute das Alter bestimmter Objekte sehr genau feststellen
lässt. Hierzu gibt es sehr viele Vergleichsmöglichkeiten im
Internet. Die Marke fast jeder alten Manufaktur hat sich
über die Zeit verändert. Es ist an dieser Stelle unmöglich, alle Manufakturen und deren Markenveränderung
zu beschreiben, aber eine Internetrecherche bring schnell
umfangreiche Aufklärung. Neben Meißen bin ich auch begeistert von anderen Manufakturen wie Aelteste Volkstedt,

Schwarzburger Werkstätten, Fraureuth, Fürstenberg oder Nymphenburg. Darüber hinaus kommt es natürlich immer auch auf die Art des Objektes und dessen Seltenheit am Kunstmarkt an.

4. Signaturen und Stempel

Bei Porzellanfiguren verhält es sich ähnlich wie bei Gemälden oder Bronzeskulpturen. Eine Signatur oder ein eindeutig zu identifizierender Entwerfer sind wichtig für die Preisfindung. Nicht immer sind Porzellanobjekte signiert. Dann empfiehlt es sich, im Werksverzeichnis der Manufakturen nachzuschlagen oder unter der Berufung auf die (meistens im Boden) eingekratzte oder gepresste Modellnummer die Manufaktur selbst anzuschreiben und nach dem Modelleur zu fragen.

5. Zustand

Porzellan sollte möglichst in gutem Zustand sein, was jedoch bei altem Porzellan nicht immer zu garantieren ist. Das Material ist sehr leicht brüchig, und so sind einzelne Teller eines Services oftmals gesprungen oder gar gänzlich in Scherben. Bei Figuren fehlen meistens die Finger oder Blüten am Sockel. Bei Beschädigungen ist dabei wichtig, zu erkennen, ob sie so eklatant sind, dass sie den Gesamteindruck stören, und ob man sie restaurieren lassen kann. Bei einem fehlenden Kopf einer Figur lohnt es beispielsweise nicht mehr. Ist jedoch nur ein Finger abgebrochen, stellt das nur ein kleines Problem dar, das sich beheben lässt. Sind Teile einer Figur abgebrochen, aber angeleimt oder generell noch vorhanden, kann man diese sehr leicht restaurieren.

KAPITEL 9

Der Kolibri

Es ist schwer zu definieren, woran man erkennen kann, ob etwas wertvoll und gefragt ist oder doch eher nur das Potenzial zu einem Stehrümchen hat. Besonders bei Haushaltsauflösungen oder auf Antikmessen wird diese Schwierigkeit deutlich. Für die Besitzer, die oftmals wie die Jungfrau zum Kinde, etwa durch eine Erbschaft oder ein Geschenk, zu einzelnen oder gar zu einem ganzen Haus voller Antiquitäten gekommen sind, sieht auf den ersten Blick alles gleichwertig und meistens nach nichts aus. Ich habe schon einige Haushaltsauflösungen gemacht. Als ich begann, habe ich in regionalen Zeitungen nach Anzeigen gesucht und mich dort als Händler vorgestellt, um den Haushalt zu beräumen. Solche Inserate gibt es noch immer, jedoch ist die Qualität der Ware in den meisten Fällen im Trödelbereich angesiedelt. Ich habe mich daher entschieden, selbst zu inserieren.

Kurz nachdem ich mein erstes kleines Inserat, es waren nur drei Zeilen mit den nötigsten Kontaktdaten – für mehr Text reichte mein Geld nicht –, in der Zeitung veröffentlicht hatte, klingelte auch schon das Telefon.

»Schmuck- und Antiquitätenhandel Fabian Kahl, guten Tag.«

»Ja, guten Tag, hier ist Hermanns. Ich rufe wegen Ihres Inserats im *Allgemeinen Anzeiger* von vor einer Woche an. Wir haben eine Erbschaft gemacht und wissen nicht so richtig, wie wir an die Sache herangehen sollen.«

»Schön, dass Sie sich hierfür an mich wenden. Um welche Dinge handelt es sich denn?«

Die vermutlich junge Dame am Telefon holte tief Luft. »Na ja, wir haben hier so einiges. Wissen Sie, mein Opa hat gesammelt, und nun, da er nicht mehr ist, weiß ich nicht wohin mit dem ganzen Hausrat. Kommen Sie doch am besten vorbei und machen sich selbst ein Bild. Es sind Bronzefiguren, Gemälde, Service und Porzellan und auch ein paar Dinge aus Silber dabei. Ich bin aber keine Expertin. Der Keller ist auch noch voll. Es finden sich immer wieder Kisten, in die seit fünfzig Jahren keiner mehr hineingeschaut hat.«

Das klang nach einem Jackpot für Schatzsucher, und mein Jagdtrieb war augenblicklich geweckt. Ich fragte die Anruferin nach der Adresse, und erfreulicherweise lag das Haus nicht allzu weit von meinem Wohnort entfernt. Hat man bei Wohnungsauflösungen einen weite Anfahrt zu bewältigen, empfiehlt es sich, sich vorab Bilder der zu verkaufenden Stücke zusenden zu lassen, um sich schon mal ein grobes Bild der allgemeinen Lage und eventueller persönlicher Highlights machen zu können. Denn oftmals klingen die zu verkaufenden Dinge anhand von Beschreibungen interessanter, als sie sind. Und gerade wenn die Verkäufer Laien sind, werden schnell mal aus den gekreuzten Schwertern einer kleinen Thüringer Porzellanmanufaktur unter einer Porzellanfigur die gekreuzten Schwerter der Staatlichen Porzellanmanufaktur Meißen, der ältesten und bekanntesten Firma für hochfeines Porzellan. Anhand von Fotos kann man diese Missverständnisse vermeiden und man redet nicht aneinander vorbei. Ich berechne nie etwas für meine Anfahrtswege oder für meinen Aufwand, egal, ob ein Geschäft zustande kommt oder nicht. Es ist das Risiko des Händlers, auch mal ohne ein Geschäft nach Hause zu fahren. Niemand, der etwas zu verkaufen hat, sollte sich gezwungen fühlen, zu verkaufen oder gar noch den Aufwand des Händlers in irgendeiner Form kompensieren zu müssen. Ich halte es schon immer so und damit habe ich die besten Erfahrungen gemacht.

Frau Hermanns beschrieb mir umständlich die Anreise, und ich war wieder einmal froh, mein Navi an Bord zu haben. »Keine Sorge«, sagte ich. »Falls ich es doch nicht finde, dann rufe ich Sie kurzfristig an und Sie leiten mich zum Haus. Das bekommen wir auf jeden Fall hin. Geben Sie mir bitte noch Ihre Telefonnummer?«

Während ich sprach, suchte ich verzweifelt nach einem Blatt Papier und einem Stift, zwei Utensilien, die nie da sind, wenn man sie wirklich braucht.

»0162 ...«, setzte die Dame am anderen Ende der Leitung an.

»Moment bitte. Ich suche noch einen Stift. Ein Blatt Papier habe ich gefunden. So, jetzt kann es losgehen«, sagte ich entschieden.

Frau Hermanns begann von Neuem mit ihrer Zahlenreihe.

»Haben Sie das?«

Ich hatte gar nichts. Natürlich hatte ich in der Eile nach einem Kugelschreiber gegriffen, welcher seinen letzten Strich mit Sicherheit bereits vor Monaten von sich gegeben und aus unerklärlichen Gründen immer wieder den Weg zurück ins Stifteglas gefunden hatte. »Entschuldigen Sie bitte«, hielt ich die Dame auf. »Mein Kuli schreibt nicht. Ich lege den Hörer einmal kurz beiseite. Einen kleinen Moment.« Ich war leicht genervt von mir selbst, warf den schreibunwilligen Stift von mir und griff blindlings in das mit Stiften gefüllte Glas auf der Kommode vor mir. Ich hatte mich während der Verhandlung, ohne es zu merken, auf den Boden gesetzt, und nun saß ich da, nach vorn über auf meine Knie gebeugt, vor mir ein alter Briefumschlag, den ich mir als Schreibunterlage gesucht hatte, und über mir das Stifteglas, aus welchem ich nun hoffentlich einen Stift erwischte, der das Schreiben noch nicht aufgegeben hatte. Probeweise zog ich Kreise auf dem Papier. Er schrieb. Bestens. Ich zog den Hörer wieder an mein Ohr und rief begeistert: »Jetzt kann es losgehen!«

Die Dame wiederholte abermals geduldig die Telefonnummer. Diesmal etwas langsamer, so als war sie sich nicht sicher, ob ich auch wirklich mit dem Schreiben hinterherkommen würde. Was muss ich wohl für einen ersten Eindruck hinterlassen, dachte ich bei mir, musste darüber aber ein wenig schmunzeln.

In gefasstem Ton sprach ich in den Hörer: »Ich würde gern morgen um dreizehn Uhr bei Ihnen sein, wenn das zeitlich auch bei Ihnen passt. Dann können wir alles in Ruhe gemeinsam anschauen. Bitte schmeißen Sie im Vorfeld nichts weg. Putzen und polieren Sie bitte auch nichts. Damit schadet man manchmal mehr als alles andere. Ich schaue mir die Sachen an, und dann sehen wir weiter.«

Beim Putzen, aber vor allem beim Polieren von Gegenständen aus Metall kann man viel verkehrt machen. Ganz schwierig ist das bei Münzen und Medaillen, die für Sammler nur dann sammelwürdig sind, wenn sie keinerlei Kratzer auf ihren Oberflächen und keine Randkerben haben. Es gibt durchaus Münzen, bei welchen man bis zu 1.000 Euro Wertverlust einfahren kann – pro Kratzer wohlgemerkt.

»Um dreizehn Uhr halte ich mich bereit«, antwortete Frau Hermanns und verabschiedete sich.

»Bis morgen«, erwiderte ich und legte auf. Ich hatte also meine erste Haushaltsauflösung durch eine kleine Annonce in der Zeitung bekommen. Wunderbar, dachte ich und war stolz und aufgeregt zugleich.

Die Spatzen, die es sich auf der frühsommerlich warmen Straße bequem gemacht hatten, flogen erschrocken auf, als ich mit dem von meinem Vater geliehenen Mercedes Sprinter in die Einfahrt des Hinterhofhauses in Niederorschel fuhr. Das kleine Einfamilienhaus lag am Dorfrand und bildete das Schlusslicht einer Reihenhaussiedlung aus den frühen Dreißigerjahren. Es hatte eine verklinkerte rotbraune Backsteinfront mit spitz zulaufenden abstrakten Fenster- und Türsimsen als Zierde und einem Schieferdach, über welches sich vier violinförmige Dachgauben und ein kleiner Balkon erstreckten. Efeu rankte auf der einen Seite bis unter den Dachsims empor. Junge Weinreben wuchsen an der anderen Seite die Wand hinauf und trugen bereits die ersten noch grünen Trauben. Die Fenster waren allesamt mit Läden versehen, welche verschlossen waren. Wahrscheinlich war Frau Hermanns noch gar nicht da.

Bevor ich aus dem Auto stieg, kontrollierte ich noch einmal, ob ich all mein Werkzeug dabeihatte, das ich eventuell brauchen könnte. Eine Lupe zum Erkennen von Punzen, Signaturen und Feinheiten im Schmuckbereich, eine Schablone, mit deren Hilfe durch aufgedruckte Kreise und Vierecke sich die ungefähre Größe von Diamanten und Edelsteinen bestimmen lässt, ein aus Aluminium gefertigtes DDR-Lineal, ein hoffentlich funktionierender Kugelschreiber, in die erste Seite meines neuen Quittungsblocks geklemmt, ein kleines Messer zum Öffnen von Taschen- und Armbanduhren und zu guter Letzt meine teuerste Anschaffung, eine mobile Taglichtlampe in der Art, wie ich sie oft schon bei Messeständen im Einsatz gesehen hatte. Sie sollte mir bei der Bestimmung von Diamantfarben und Reinheitsgraden und beim Sichtbarmachen von Beschädigungen

107

oder Restaurierungsstellen bei Gemälden dienlich sein. Sie lässt sich ausklappen, nimmt also wenig Platz ein und strahlt mit einer enormen Leuchtkraft. Das ist wichtig in dunklen Räumen oder auch bei Ankäufen, welche bis in die Abendstunden dauern können. Die Farben eines Gemäldes sind je nach Lichtverhältnissen sehr variabel. Taglicht ist da unabdingbar.

Frau Hermanns erwartete mich bereits an der Tür. »Sie sind ja pünktlich wie die Kirchturmuhr«, sagte sie begeistert und öffnete mir die Tür, während sie mir freundlich ihre Hand entgegenstreckte. »Ich bin soeben erst rein. Hermanns. Und Sie sind der Herr Kahl?«

»Genau«, antwortete ich und nahm ihre Hand zum Gruße. Frau Hermanns war groß und von schlanker Statur. Die blonden Haare trug sie zu einem strengen Dutt gebunden, aus dem sich jedoch ein paar Haarsträhnen ungezähmt herausgeschlängelt hatten. Ich schätzte sie auf Mitte vierzig.

»Dann kommen Sie doch direkt herein. Schuhe können Sie ruhig anlassen. Schauen Sie sich bitte nicht zu genau um. Hier herrscht momentan das absolute Chaos. Aber das hören Sie ja sicher auch nicht zum ersten Mal. Möchten Sie etwas trinken? Kaffee vielleicht?« Während sie sprach, verschwand sie in der Küche. Ich sah mich im Hausflur um.

»Danke, aber ich bin absolut kein Kaffeetrinker. Mit einem Glas Wasser wäre ich schon zufrieden.«

Schon beim ersten Betreten eines Hauses scanne ich die Umgebung systematisch nach brauchbaren und wertigen Antiquitäten ab. Der Hausflur war lichtdurchflutet und wie ein kleiner Wintergarten angelegt, mit großen unverstrebten Fensterfronten, durch die das Tageslicht strömte, einem Bastsessel zum Sitzen und Schuhe binden, Holzvertäfelung und vielen grünenden und blühenden exotischen Pflanzen und Kakteen. Hier und da standen kleine Nippesfiguren aus Porzellan auf dem Fenstersims, und eine mit rotem Samtstoff bezogene Garderobe aus den Siebzigerjahren streckte ihre Messinghaken in die Luft. An einem Schlüsselschränkchen aus dem Louis-Philippe, also aus der Zeit um 1840, als König Louis-Philippe in Frankreich regierte, in Kirschbaum furniert mit geschwungener Formensprache und mittig mit gestickten Rosen auf schwarzem Grund verziert, blieb mein Blick hängen. Solcherlei Kleinmöbel sind heutzutage, da der Möbelmarkt sehr schwierig geworden ist, dennoch gut an den Mann zu bringen. Sie sind praktisch, nehmen nicht viel Platz ein und passen in jede Einrichtung.

»Was ist denn mit dem Schlüsselkasten neben der Eingangstür?«, rief ich ins Haus hinein, ohne recht zu wissen, wo Frau Hermanns sich gerade aufhielt. »Soll der auch weg?«

Frau Hermanns eilte aus irgendeiner Ecke der Wohnung herbei und sprach: »Ja, den können Sie gern abhängen. Das alte Ding benutzt nun keiner mehr, und meine Kinder haben sich schon herausgesucht, was sie für sich haben wollten. Aber nun kommen Sie doch erst einmal mit in die Stube. Ein Glas Wasser habe ich Ihnen bereits auf den Tisch gestellt.«

Ich nahm den Schlüsselkasten behutsam von der Wand und folgte Frau Hermanns hinein in die verwinkelten Räume des kleinen Art-déco-Hauses.

Die Fensterläden waren noch immer verschlossen. Ihre schwenkbaren Streben waren jedoch in eine Position gerückt, die es dem Tageslicht erlaubte, zwischen ihnen hindurchzukriechen und sich wie zitternde hellgelbe Aale auf der gesamten Inneneinrichtung und den Wänden entlang zu schlängeln. Daraus ergab sich ein diffuses Licht-Schatten-Gemisch, das alle Gegenstände in den Räumen gleichermaßen versteckte und ins Dunkel hüllte, sie aber hier und da fast schon kokett anstrahlte, gerade so viel, dass ich ins Ungewisse hinein erahnen konnte, welche Pracht da im Verborgenen vor mir lag. Mein Schatzsuchertrieb war sofort geweckt. Ich kam mir vor wie ein Grubenarbeiter beim Schürfen nach Diamanten. Gehüllt in ewige Dunkelheit, nur mit einer Grubenlampe und einer Spitzhacke bewaffnet, stiegen die Männer hinab ins tiefe Schwarz, um mit Spitzhacke und Eimern Tonnen von Gestein beiseite zu schaffen, immer auf der Suche nach dem verheißungsvollen Mineral. So eine Haushaltsauflösung hat ähnlichen Charakter. Neunzig Prozent eines normalen Haushalts sind für einen Antiquitätenhändler wie das lose Gestein unter Tage. Man muss es abtragen und sichten, um auf »Diamanten« zu stoßen.

Frau Hermanns hatte sich darangemacht, die Fenster zu öffnen und die Läden beiseite zu schlagen. Sie quietschten schwer, und ich wurde gewahr, dass sie aus Metall gefertigt waren. Einbruchssicher also. Ich wollte jedoch noch nicht gleich davon auf die Wertigkeit der im Haus befindlichen Gegenstände schließen.

»Ich öffne die Fensterläden in allen Räumen. Schauen Sie sich schon mal in Ruhe um. Ich hoffe, es ist etwas für Sie dabei. Gerade beim Mobiliar habe ich an Sie gedacht. Tolle Vollholzmöbel. Die haben sich meine Großeltern damals kurz nach ihrer Hochzeit gekauft. Müssen sehr teuer gewesen sein. Die Rechnung liegt hier auch noch irgendwo.«

Während sie sprach, hatte sie bereits zwei weitere Fenster in dem Raum, der nun als Wohnzimmer sichtbar wurde, geöffnet, und ein Schwall frischer Luft und warmes Sonnenlicht drangen ins Innere. Ich sah mich um.

»An Möbeln habe ich leider kaum noch Interesse.«

Stille.

»Die laufen nicht mehr so gut, wissen Sie? Mein Vater hat damals noch seinen Schwerpunkt auf Mobiliar gelegt. Da konnte man auch Biedermeier und Barock noch bestens verkaufen.

Heute ist das anders. Interesse habe ich eher an schönen Klein-antiquitäten.«

Immer noch Stille. Im Hintergrund das Quietschen der Läden.

»Aber ich sehe mir erst einmal alles an und stelle bei der Gelegenheit auch schon alles zusammen, was für mich von Interesse wäre.«

Der Raum war großzügigen Formats. Zwei Fensterachsen frontseitig, zwei Türen an der Rückseite. Man konnte in der unteren Etage des Hauses durch alle Räume hindurchschreiten und wie bei einem Museumsrundgang schlussendlich wieder in das anfängliche Zimmer gelangen. An den Wänden klebte die obligatorische Space-Age-Tapete mit orange-beige-braunem Schnörkelmuster, hier und da leicht vergilbt und verstaubt. Aus der Mitte der unverzierten Decke entsprang ein runder Drei-ßigerjahre-Leuchter aus patinierter Bronze mit fünf nach oben gebeugten Armen, an deren Enden jeweils eine Alabasterschale aufsaß und die Glühbirne umschloss. Darunter ein im Durch-messer etwas größerer, aber ebenso runder Tisch. Die Tisch-decke hing bis auf den Boden hinab, sodass ich nicht gänzlich erkennen konnte, aus welchem Holz und aus welcher Zeit er stammte.

Mein Blick schweifte umher, und ich sah mich umringt von einem zum Leuchter passenden Wohnzimmer im Stil des Ba-rocks. Alle Möbel, sei es das Sideboard an der Wand zwischen den beiden Türen, das Buffet, das massive Vertiko oder die sechsteilige Stuhlgarnitur, zu der, wie mir ein Blick unter die Tischdecke verriet, auch der Tisch gehörte, stammten aus den Dreißiger- und Vierzigerjahren des 20. Jahrhunderts. Sie waren reich verziert. In das massive Nussbaumholz hatte man in baro-cker Manier halb-reliefartig Pflanzenranken, Blätterwerk und kleine Statuetten eingeschnitten, und das gesamte Zimmer stand auf mächtigen Löwenpranken mit ausgefahrenen Klauen. Alles war in Einzelteile zerlegbar. Schon als Kind hatte ich zusammen mit meinem Vater viele dieser Zimmer auseinander- und wieder zusammengebaut. Es gibt sie noch immer in großer Stückzahl, und sie sind aufgrund ihrer Größe und ihres etwas unheilvollen Aussehens nicht jedermanns Geschmack. Unter Händlern wird diese Art der Einrichtung als »Hitlerbarock« beschrieben, da diese Möbel ihre Blütezeit im Naziregime hatten und in qualitätsvollerer Ausführung sogar im Besitz des »Führers« waren. Normalerweise gehörte auch hier noch ein Bücherschrank mit verglasten Schiebetüren dazu. Ich würde ihn bei meinem Rundgang durch das Haus sicher entdecken.

Die noch verschlossene der beiden Türen des Wohnzimmers wurde aufgestoßen, und Frau Hermanns betrat schwer atmend den Raum. »Diese Fenster machen mich fertig«, sagte sie leise keuchend, lief in die Küche und kehrte mit einem Glas Saft zurück. »Trinken Sie ruhig Ihr Wasser, und dann legen wir los.«

»Frau Hermanns«, begann ich vorsichtig, »ich möchte Sie nicht enttäuschen, aber die Möbel, die hier stehen, sind leider absolut nicht interessant für mich. Zu schwer, zu groß, zu unbeliebt. Da lohnt sich der Aufwand kaum. Am Telefon sagten Sie aber noch etwas von Silber, Gemälden, Bronzen und dergleichen. Das würde ich mir gern anschauen, wenn ich darf.«

Frau Hermann war etwas enttäuscht, das merkte ich ihr an. »Die Möbel sind von einer ausgezeichneten Qualität, keine Frage«, versuchte ich, die richtigen Worte zu finden. »Sie sind eben nur nicht das, wonach ich so Ausschau halte. Suchen Sie sich für das Mobiliar am besten einen darauf spezialisierten Händler, der dann auch den nötigen Lagerplatz hat. Ich kann Ihnen da jemanden empfehlen, wenn Sie möchten. Ein Möbelhändler aus der Region. Ich habe an ihn schon einiges vermittelt, und er leistet gute Arbeit. Aber erwarten Sie preislich keine Wunder bei diesen Dingen.«

Frau Hermanns Miene hellte sich deutlich auf. »Ach, das wäre ja toll, wenn Sie jemanden wüssten, der uns die Möbel abnimmt. Mir ist das zu schade für den Container. Ich möchte nicht viel dafür haben, nur wissen, dass es in gute Hände kommt.«

»Das bekommen wir hin«, erwiderte ich lächelnd. »Nun schaue ich mich aber einmal in und auf den Schränken um. Vielleicht findet sich ja doch das ein oder andere Stück, das mich interessiert. Darf ich die Schranktüren aufmachen?«, fragte ich, da ich es unhöflich finde, ungefragt in den Dingen anderer Menschen herumzustöbern, selbst in einem zu beräumenden Haus.

»Natürlich. Tun Sie sich keinen Zwang an. Es muss am Ende eh alles leer sein.«

Nun begann meine Detektivarbeit. Ich fing mit dem Sideboard an, auf dem man bereits alles Mögliche abgestellt hatte. Alte Baumwollstickereien? Nein. Eine Schatulle mit Nähzeug? Ebenso nicht. Kleine Porzellanengel in Weiß mit Goldstaffage? Vielleicht. Kommt auf die Marke an. Griff nach einem der Engel. Umdrehen. Blaue Unterglasurmarke. Krone. Darunter »Made in GDR«. Mittiger Schriftzug »Unterweißbach«. Schade. Die Marke wird kaum gesammelt. Engel abstellen. Weiter.

Im Augenwinkel sah ich etwas, das mein Interesse weckte. Ich drehte meinen Kopf und ergriff eine zwanzig Zentimeter große Plastik mit der Darstellung des Wilhelm Tell mit Sohn in sehr filigraner Ausführung. Die Szenerie spielte wohl kurz nach dem berühmten Schuss Tells auf einen Apfel, den sein Sohn auf dem Kopf balancierte. Schiller hatte dieses Theaterstück sehr gut in Szene zu setzen gewusst. Auch die Plastik war eine raffinierte Filigranarbeit. Ich drehte und wendete sie auf der Suche nach der Signatur eines Skulpteurs, fand aber nichts. Figur hinstellen. Lupe nehmen. Ich griff in meine Tasche und zog die kleine Lupe hervor, lief zurück zur Anrichte und nahm die Figur in die eine, die Lupe in die andere Hand. Mit dem Vergrößerungsglas am Auge drehte ich die Statuette behutsam in meiner Hand.

»Ich kann leider keine Signatur erkennen«, bemerkte ich. »Dafür sind hier eindeutig Wachstumsspuren zu sehen.« Kleine, mit bloßem Auge kaum erkennbare, hauchdünne Ringe schlängelten sich in flirrenden Kreisen um die Figur. Hier und da waren kleine Risse und schwarze Stellen im Material zu erkennen. »Das ist tatsächlich Elfenbein!«, rief ich begeistert aus, und während ich »An dieser Figur habe ich schon mal Interesse« sagte, stellte ich sie auf den runden Tisch. »Ich werde hier einmal alles zusammenstellen, was ich Ihnen abkaufen würde«, gab ich Frau Hermanns zu verstehen, und kaum, dass ich die Elfenbeinschnitzerei losgelassen hatte, huschte mein Blick wieder im aufgeregten Zickzack durch das Zimmer.

Auf dem Sideboard fand ich in einer kleinen Schale eine silberne Brosche, die mir nach einem Künstlerentwurf aussah. Mit der Zeit hatte ich ein verlässliches Gespür für solche Dinge entwickelt. Es ist eine Kunst für sich, aus einer Vielzahl von Gegenständen genau jene auszusuchen, welche ein gutes Verkaufspotenzial mit sich bringen. Mit der Brosche verhielt es sich genauso. Ihre Komposition und Formensprache, die abstrahierten Blätter und das Zweigwerk mit eingelassenen kleinen Turmalinen, die wie Früchte anmuten sollten, und der mittig gefassten Akoyaperle verrieten mir auf Anhieb, dass sich ein genauerer Blick auf das Schmuckstück lohnen würde. Ich nahm die Brosche nah an mein Gesicht und konnte bereits mit bloßem Auge den Silbergehaltsstempel erkennen. In deutlichen Lettern stand »925« zu lesen, daneben die Beschlagszeichen und darunter »Georg Jensen«. Endlich ein Stück, das man genau zuschreiben konnte. Die Brosche kam also aus Dänemark, stammte aus den 1920er-Jahren und wurde von einem der bekanntesten dänischen Schmuckkünstler, Georg Arthur Jensen, gefertigt, dessen Wirken weit über Dänemark und Deutschland hinausreichte und der bis heute zu den gefragtesten Künstlern in seinem Bereich gehört.

»Die Brosche lege ich auch dazu. Das sind doch schon zwei sehr schöne Objekte. Wenn das so weitergeht, habe ich zu wenig Geld eingesteckt«, sagte ich schmunzelnd.

Frau Hermanns lachte. »Schön, dass Sie fündig geworden sind. Wir sind aber noch lange nicht durch.« Sie machte eine einladende Handbewegung in Richtung all der Räume, die mich noch erwarteten.

»Stimmt. Ich sollte mich ein wenig sputen, sonst sitzen wir heute Nacht noch hier.«

Ich arbeitete mich durch das Zimmer. Überall, wo ich etwas sah, das mir wertig erschien, griff ich danach, schaute die Dinge kurz an, um einen groben Überblick zu bekommen und stellte sie erst einmal zu den anderen auf den Tisch.

»Ich sortiere das nachher noch. Ich werde jetzt im ersten Schritt alles zusammenstellen, das für mich grundsätzlich von Interesse wäre.« Und da kam so einiges zusammen. Einige kleinformatige Bilder mit Waldlandschaften, Bergseen oder winterlichen Flussbiegungen hingen an den Wänden. Die meisten unsigniert, aber Originale aus der Zeit um 1880 mit passender Rahmung und in gutem Zustand. Solche Bilder sind für kleines Geld etwas für Trödel- und Antikmärkte. Beim Abnehmen der Gemälde sah man, dass dies ein ehemaliger Raucherhaushalt gewesen sein musste. Die Stellen der Tapete, die von den Gemälden verdeckt gewesen waren, leuchteten noch voll frischer Farbkraft. Alles drum herum war vergilbt und leicht speckig.

Der jahrelange Rauch hatte es sich auf der Tapete und leider auch auf den Gemälden bequem gemacht und überzog alles mit einer gräulich-gelben Schicht. Die Gemälde konnte man reinigen, aber die Räume gehörten gestrichen und neu tapeziert. Als ich alle Bilder von der Wand genommen hatte, zeichneten sich fröhlich tanzende, farbenfrohe Vierecke überall im Raum ab.

Mein Blick schweifte weiter. Stand da hinten nicht eine wunderschöne Meißner Porzellanvase im Regal? Mit großen Schritten lief ich zum Vertiko, das ich bisher völlig außer Acht gelassen hatte. Zwischen einem breit ausladenden Unterteil aus Nussbaumholz und einem sich nach obenhin verjüngenden, verspiegelten Aufsatz stand eine große, kobaltblaue Vase mit einem frontseitigen Oval, in welches ein Blumenbukett hinein gemalt schien. Bei näherer Betrachtung sah ich jedoch, dass die Blumen nicht aufgemalt, sondern in einem Umdruckverfahren auf die Oberfläche der Vase gedruckt worden waren. Mein Verdacht auf Meißner Porzellan bestätige sich somit leider nicht. Meißen hat ausschließlich hochangesehene Porzellanmaler für sich arbeiten lassen und hätte ein Druckverfahren, wie es in kleineren unbekannten Manufakturen durchaus üblich war, nicht produziert.

Die Vase war also leider nicht der erhoffte Fang. Ich stellte sie zurück auf das Vertiko und wies Frau Hermanns darauf hin, dass ich im Wohnzimmer bereits alles gesehen hatte. Zwischendurch hatte ich noch ein paar Kleinigkeiten zu den anderen Objekten gelegt. Ein paar silberne Löffel, die man um 1900 als Touristensouvenirs in bekannten Städten Deutschlands kaufen konnte und die mit Emaillefarben auf Griff und Laffe mit einem für die Stadt bestimmenden Bauwerk bemalt waren. In diesem Fall waren es die Hansestadt Hamburg und Köln mit einer Ansicht des Kölner Doms. Zwei kleine Bronzestatuetten mit der Darstellung eines Paares beim Gärtnern. Die Dame harkte etwas im Boden und machte dabei einen etwas unansehnlichen Buckel. Der Bub hatte einen Rechen über seine Schulter geworfen und kaute genüsslich auf einem Grashalm. Die Bronze schimmerte goldbraun im Tageslicht. Eine Signatur war leider nicht zu erkennen, und auch die ehemaligen Steinsockel, auf die diese Figuren normalerweise geschraubt waren, fehlten. Ein Aschenbecher, Meißen. Kerzenhalter aus Porzellan, Schierholz.

»Mit der Stube bin ich durch. Ein paar Sachen stehen auf dem Tisch, aber ich würde sagen, wir schauen uns noch weiter im Haus um.«

Frau Hermanns ging voran. In ihrem wippenden grün-blau-rot gemusterten Kleid sah sie aus wie ein zu groß geratener Kolibri, der mich zu einer neuen Blüte führen wollte. Sie schien sogar wirklich fast zu fliegen, da ihr Kleid den Boden nicht berührte, jedoch so lang war, dass man ihre Füße nicht sah. Sie schwebte voran, und ich folgte ihr, mich ständig nach verborgenen Schätzen umschauend. An das Wohnzimmer grenzte, wenn man es durch die rechte Tür verließ, die Küche. Hier standen auf weißen Küchenmöbeln im Countryhouse-Stil einige graublaue Keramiktöpfe und allerhand kupferne Küchenutensilien aus vergangenen Tagen. Mein Vater hätte diese damals, als ich noch ein Kind war, sehr gut weiterverkaufen können, aber diese Dinge gehören leider zu den Objekten, die in den letzten zehn Jahren stark an Wert verloren haben.

Wir befinden uns in einer Zeit, in der die Menschen zum großen Teil das Gespür und die Liebe zum Althergebrachten verloren haben. Viele sind der Meinung, dass antike Dinge nicht mehr in ein modernes Leben passen oder dass sie unerschwinglich sind. Deshalb wird der Markt geradezu überschwemmt mit beispielsweise eben diesen graublauen Tontöpfen. Wenn zu viele Objekte aus ein und derselben Richtung gleichzeitig auf den Markt kommen, fallen die Preise. So ist es geschehen mit

Keramik, mit Kristallglas jeglicher Art; auch bemalte Bauernmöbel, Barockmobiliar oder Weichholzschränke sind rapide im Wert gesunken. Sie entsprechen nicht mehr dem Zeitgeist, und da früher vieles davon gesammelt und somit zurückgehalten wurde, heute aber alle diese Dinge nur noch verkaufen wollen, fielen die Preise ins Bodenlose. Natürlich gibt es auch dabei immer Ausnahmen. Qualität, Raffinesse und Seltenheit haben auch hier, wie in allen Bereichen des Antikhandels, ihren Wert nahezu erhalten. Nach solchen Dingen halte ich nach wie vor Ausschau.

Auf dem Küchenschrank fand ich einen alten Tabaktopf mit originalem Deckel, der für den Trödelmarkt brauchbar war. Tabaktöpfe stellen ein kleines Sammelgebiet dar und werden heute noch gesucht. Gerade von kleineren und somit selteneren Produktionen sind diese Tongefäße gefragt. Ich klopfte mit dem gebeugten Finger gegen den Scherben des Topfes, um zu überprüfen, ob er kleine Mikrorisse hat. Mikrorisse sind feine Haarrisse, die mit bloßem Auge kaum erkennbar sind. Sie können dazu führen, dass das Gefäß durch innere Spannung plötzlich wie aus dem Nichts zerspringt. Klingt ein Gegenstand hell und hoch, wenn man mit dem Fingerknöchel dagegen klopft, so hat er keine Risse. Tönt es jedoch dumpf und tief, so ist davon auszugehen, dass er in keinem guten Zustand ist. Diesen Test kann man bei allen Gefäßen mit hohlem Inneren vornehmen. Der Topf schallte mir mit hohem Ton entgegen, und auch der Deckel schien unbeschädigt zu sein.

»Diesen Tabaktopf bringe ich schnell ins Wohnzimmer. Ich komme gleich nach«, rief ich Frau Hermanns zu, die bereits im nächsten Raum verschwinden wollte.

»Sie finden aber auch überall etwas. Und gerade die Sachen, mit denen ich nicht gerechnet hätte«, sagte sie verdutzt, aber sichtlich erleichtert. »Kommen Sie, es gibt noch mehr zu sehen.«

Ich stellte den Tabaktopf beiseite und eilte ihr nach. In einem kleinen Korridor fand ich eine hübsche große Bodenvase von KPM in Weiß mit Blumendekor. Auf ihrer Unterseite prangte das blaue Zepter, wie es die Firma in der Zeit um 1910 verwendete, und daneben war ein roter Reichsapfel gemalt. Dieser bedeutet, dass diese Vase direkt in der Manufaktur bemalt wurde. Objekte von KPM ohne diesen Reichsapfel werden als »Hausmalerei« bezeichnet. Der Entwurf und auch der weiße Scherben sind in diesem Fall in der Fabrik hergestellt worden, aber die Bemalung wurde letztlich außerhalb der Produktion von einem Porzellanmaler in Heimarbeit vorgenommen. Diese Stücke sind meistens etwas günstiger auf dem Markt zu finden. Für beide Varianten gibt es jedoch Sammlerkreise. Frau Hermanns hatte die Begutachtung der Vase meinerseits mitbekommen.

»Ach nein, die nicht. Die hat sich meine Tochter bereits reserviert. Sie hat ein altes Bauerngehöft im Vogtland gekauft und möchte diese Vase gern in den Flur stellen. Dekorativ ist sie ja auf jeden Fall.«

»Ja«, erwiderte ich, »und hochwertig obendrein. Aber wenn Ihre Tochter Freude an diesem Stück hat, dann mische ich mich da nicht ein.« Ich blickte der Vase noch einmal ein wenig wehmütig nach, während wir durch die nächste Tür traten.

KAPITEL 10

Gelebter Darwinismus

Wir waren im Herrenzimmer angelangt. Während das Wohnzimmer nur nach abgestandenen Zigarettenqualm gerochen hatte, wurde dieser Raum von einer beißenderen Note überlagert. Obwohl die Fensterläden geöffnet waren, blieb es im Inneren dunkel. Es war, als traute sich das Licht nicht herein und ließe den Raum in ungewisser Dämmerung zurück. Das Zimmer war bis unter die Decke mit einer dunklen Holzvertäfelung versehen. Die Luft stand und stockte schwülstig an den Vorhängen und dem Holz der Wände. An der linken Seite des Raumes war ein kleiner Eckkamin angebracht, vor dem eine Sitzgarnitur stand, die einladend ihre lederbepolsterten Flächen zum Verweilen darbot.

»Lassen Sie mich raten. Das ist das Herrenzimmer Ihres Großvaters, richtig?«

»Ja. Arbeits- und Herrenzimmer, wenn man so will. Und natürlich Rauchersalon für seine Zigarrenfreunde«, lachte Frau Hermanns.

Zigarre. Daher der beißende Geruch. In solchen Herrenzimmern ist aber oft so manche Rarität versteckt, dachte ich bei mir und machte mich daran, das Zimmer genauer unter die Lupe zu nehmen. Alle anderen Räume des Hauses waren bereits von Umzugs- und Räumungsaktionen gekennzeichnet –

alles war auf dem Boden und auf den Möbelstücken verteilt, in den Schränken war kaum noch etwas an seinem angestammten Platz, und die ersten Kartons standen bereit zum Einpacken von Objekten. Dieser Raum schien von diesem Chaos jedoch vollkommen unberührt geblieben zu sein. Als hätte man die Tür bereits in den Dreißigerjahren geschlossen und versiegelt und Frau Hermanns nach langer Suche soeben erst den passenden Schlüssel aus einer der Schrankschubladen genommen, ihn ins Schloss gesteckt, zweimal gedreht, bis das Schloss aufsprang, und die verstaubte Tür mit leisem Quietschen, einem Flüstern gleich, geöffnet.

Ich führte ein wenig Small Talk, während ich die Schränke, Regale und Möbel nach interessanten Antikobjekten absuchte. »Dieses Zimmer war sicher das Heiligtum Ihres Großvaters, nehme ich an?«

»Ja, da haben Sie recht. Er verbrachte viele Stunden hier. Saß am Fenster und schien ständig über irgendetwas zu grübeln. Meine Mutter und ich nannten es liebevoll sein ›Grübelstübchen‹.«

Ich sah aus dem Augenwinkel, wie sie sich zu erinnern begann. Ihr Blick fand keinen Halt mehr im Raum, glitt durch alles hindurch und projizierte vor ihrem geistigen Auge schemenhafte Bilder.

»Architektur studierte er damals in Jena, als er meine Großmama kennenlernte. In diesem Zimmer zeichnete er anfänglich auch viel und entwarf fantastische Gebäudefassaden für einige Städte. In Jena stehen bis heute noch ein paar Gebäude, die er entworfen hat. Nach und nach verlegte er seinen Arbeitsplatz jedoch in das kleine Gebäude nebenan, da hier der Platz nicht ausreichte.«

Ich hörte gespannt zu. Ich war also in einem Architektenhaushalt. Nun war ich ganz Ohr. Der Architekt gehört zum

Beruf der Künstler und zwar zu jenen, die mit ihrer Kunst auch schon damals gutes Geld verdienen konnten. Ich erinnerte mich an eine Haushaltsauflösung in Rudolstadt, zu der mein Vater mich mitgenommen hatte. An einer befahrenen Straße stand rechterhand eine ansehnliche Jugendstilvilla, die einem verstorbenen Architekten gehört hatte. Sie war bis unters Dach gefüllt mit schönsten Antiquitäten. Dort hatten wir auch ein wunderbares vielteiliges Jugendstilzimmer herbekommen, das bis heute bei meinen Eltern im Schloss Verwendung findet. Ich war fasziniert von der Villa und spielte damals sogar mit dem Gedanken, vielleicht ein Studium der Architektur zu beginnen. Bei meinen zwei Praktika in diesem Bereich merkte ich jedoch schnell, dass mir das Ganze zu mathematisch und zu technisch war, und ich verwarf diesen Gedanken wieder. Was blieb, ist jedoch die Faszination für Architektenhaushalte. Es sind oftmals Menschen, die einen Sinn für Kunst und Schönheit haben. Vielleicht war ich hier ja auch auf der richtigen Spur.

Auf dem Tisch stand eine unscheinbare, aber relativ große Glasvase, in welche man Trockenblumen zur Dekoration gesteckt hatte. Ich entnahm der Vase die Blumen und drehte sie in meinen Händen hin und her. Sie hatte einen bauchigen Stand, der das erste Viertel der Vase einnahm. Nach diesem Bauch zog sich die Vase zu einer dickwandigen, holen Röhre zusammen und schloss mit einer abgerundeten Kante an ihrer Mündung. Sie war aus verschiedenfarbigem Glas verschmolzen, das zum Teil geätzt wurde, um die schillernden Farben an den sich brechenden Kanten zu verstärken. Rund um die Vase verliefen geschnittene, teilweise polierte Blumenranken, Pflanzenknospen und Blüten in einer Art, wie sie nur der Jugendstil oder in diesem Fall die Art nouveau hervorgebracht haben kann.

Mir war von Anfang an bewusst, was ich da in den Händen hielt. Es handelte sich um ein exzellent erhaltenes Stück

französischer Glaskunst von keinem geringeren Designer als
Émile Gallé. Dieser Künstler leitete im französischen Städtchen
Nancy seit 1874 das Geschäft seines Vaters für Glas, Fayencen,
Keramik und Holz und war einer der experimentierfreudigs-
ten Glashersteller seiner Zeit. Er erfand und involvierte ganz
neue, nie dagewesene Verarbeitungstechniken in allen Bereichen. Seine Glasobjekte erlangten Weltruhm, und auch seine
Möbelkunst ist bis heute stark gefragt. Allerdings sind viele
seiner Entwürfe in großer Stückzahl ausgeführt worden, daher
ist Gallé-Glas keine Seltenheit. Viele Objekte werden auf dem
Kunstmarkt nahezu verramscht. Es gibt jedoch auch Stücke,
die damals nur in geringer Auflage produziert wurden oder
welche für die damalige Zeit wegweisende Entwürfe darstell-
ten. Diese Objekte zu erkennen, ist angesichts der Produktfülle
dieser Werkstatt keine leichte Aufgabe. Hinzu kommt, dass die
hochwertigen Objekte von Gallé sehr gern nachgemacht und
gefälscht werden und diese Fälschungen von den Originalen
kaum zu unterscheiden sind. Ich musste die Vase also zunächst
einmal auf ihre Echtheit prüfen. Hierfür zog ich meine Taglichtlampe hervor und versuchte, gegen das Dunkel des Herrenzim-
mers anzuleuchten. Das Gewicht der Vase schien zu stimmen.
Gallé verwendete sehr dickwandiges Glas, damit die Gravuren
und Ätzungen nicht sofort durchbrechen und Löcher im Glas
entstehen lassen würden. Die Oberfläche sah gut aus. Kleine
Einschlüsse in den Wandungen waren zu erkennen. Im Material eingeschlossene Luftblasen hoben sich aus der Farbe hervor,
und der Abriss unter dem Standfuß war leicht unsauber ver-
schliffen. Glasobjekte aus dem Jugendstil oder auch aus Zeiten
davor haben die Eigenart, nie ganz sauber ausgearbeitet zu sein.
Hier sind ein sauberer Glasfond oder eine zu akkurate Ausarbeitung eher ein Indiz für Fälschungen. Die Ätzungen und die
geschnittenen Motive müssen hingegen filigran ausgearbeitet

sein. Sind sie grob, halbherzig, oder auch zu tief gearbeitet, dann ist der Verdacht auf eine Kopie groß. Bei genauerem Hinsehen konnte ich am Fuß der Vase, genau dort, wo die Pflanzenranken begannen emporzuwachsen, zwischen dem kunstvollen Gestrüpp die floral ornamentierte Signatur Gallés erkennen. Auch an der Ausarbeitung dieses Signums erkannte ich sehr bald, unter Zuhilfenahme meiner Lupe noch deutlicher, die Echtheit dieses Gefäßes.

Frau Hermanns entging nicht, dass ich mich intensiv mit der Vase auseinandersetzte, und sie kam nicht umhin zu fragen: »Sind Sie auf etwas gestoßen? Mein Vater meinte immer, dass diese Vase sehr alt sein soll. Er passte immer besonders darauf auf.«

Ich stellte das Glas behutsam zurück auf den Tisch und sah sie direkt an. »Da hat er absolut recht gehabt«, hob ich an und erklärte ihr, auf welchen Schatz ich gestoßen war. »So eine Vase kann gut über 1.000 Euro wert sein. Daran habe ich großes Interesse.«

Frau Hermanns zog die Augenbrauen hoch und musste die Vase nun selbst einmal in Augenschein nehmen.

»Ich hoffe, wir werden uns beim Preis einigen können«, fügte ich noch hinzu und war bereits wieder dabei, mich nach weiteren besonderen Exponaten umzuschauen. Aus der Vitrine fischte ich ein schönes klassizistisches Glas mit viereckigem Standfuß und runder Kuppa heraus. Es war eine damals allseits beliebte Liebeserklärung, wenn ein Herr seiner Dame ein solches Glas schenkte. Das erkannte man daran, dass in das Glas eingraviert zwei Putten links und rechts über einem brennenden Herz schwebten, welches von einem ebenso in Flammen stehenden Pfeil durchbohrt wurde.

»Hm. Kitschig, aber schön«, merkte ich an. »Und vor allem ein Original aus der Zeit. Dieses Glas stammt aus dem

Klassizismus, also ist es ungefähr 230 Jahre alt. Und hier habe ich noch etwas Hübsches gefunden. Ich nehme es mal eben runter. Hätten Sie einen Stuhl für mich?«

Frau Hermanns eilte mit einem gepolsterten Stuhl zu mir. Ich stellte mich auf ihn und griff auf die Vitrine, auf deren Sims eine Statuette einer Tänzerin stand. Der Stuhl wackelte ein wenig, und das Polster gab unter meinen Füßen nach, sodass ich Schwierigkeiten hatte, das Gleichgewicht zu halten, und umso glücklicher war, als ich wohlbehalten mit der Figur wieder den Parkettboden des Raumes unter mir spürte.

»Die ist bezaubernd«, sagte ich nach einem kurzen Blick auf die Figur und drehte und wendete sie, wie es jedem Händler ganz wie von selbst von der Hand geht, immer auf der Suche nach der Signatur. Sie ist im Kunsthandel ein wichtiges Kriterium zum Bewerten von Gegenständen. Eine Signatur ist wie eine Marke. Anhand dieser kann man unzweifelhaft feststellen, woher das Kunstwerk stammt und wer es gefertigt hat. Teilweise ist sogar ablesbar, wann es entstanden sein muss. Gerade im Porzellanbereich ist das unabdingbar, da man alte Modelle neu aufgelegt hat. Ohne die jeweiligen Markierungen würde man nur mit viel Mühe das Alter eruieren können und dann auch in keinem Falle unzweifelhaft.

Ich suchte und fand eine Signatur. Auf der Rückseite des Gewands der Statuette stand in deutlichen Lettern »H. Dietrich«. Die Figur war hübsch anzusehen. Es handelte sich um eine Kastagnetten-Tänzerin mit seitlich zusammengebundenem Haar, in das eine kleine Rose gesteckt war, blankem Busen und einem mehrmals um die Hüfte geschnürten, weit ausfliegenden Gewand, das sie nur durch die Beugen ihrer Ellen kunstvoll und erotisch an ihrem schlanken Körper zu halten wusste. Ihre Arme hatte sie s-förmig von sich gestreckt, und in ihren Händen hielt sie jeweils eine Kastagnette mit abgespreizten

Fingern im Griff. Man hatte den Eindruck, die Musikalität und ihr rhythmisches Spiel von Ferne her zu hören. Immer lauter wurde es, immer echter der Eindruck, den die Dame hinterließ, bis man sich mitten in der Festivität wiederfand und der leibhaftigen Göttin des Tanzes beim Zelebrieren ihrer Bewegungen zusah. Im Hintergrund loderte ein kräftiges Feuer und unterstrich die Szenerie, ließ sein orange-rot flirrendes Licht über den schweißnassen, funkelnden Körper der Virtuosin flackern, aus dessen Glut sie einst selbst entsprang und ...

»Herr Kahl?«, rief eine Stimme mir zu. Ich zuckte zusammen. »Herr Kahl? Ist es denn nun Marmor?«, fragte die Stimme erneut. Ich räusperte mich.

»Das kann ich noch nicht genau sagen«, versuchte ich zu erklären, ohne mir anmerken zu lassen, dass ich kurzzeitig geistesabwesend gewesen war. »Dazu müssen wir in einen Raum mit besseren Licht gehen«, sagte ich bestimmt und lief in Richtung Flur. Im Sonnenlicht musste ich leider erkennen, dass das Kleid und auch die Kastagnetten der Dame zwar aus Bronze gegossen und sogar feuervergoldet waren, jedoch aber die Füße, der Körper, der Kopf und auch die Arme und Hände aus Alabaster bestanden. Alabaster ist ein Calciumsulfat, das härter als Gips, aber weicher und wärmer als Marmor ist und daher nur für Kleinkunstobjekte im Indoor-Bereich Verwendung fand. Es hat den großen Vorteil, dass man es als Pulver, mit gewissen Bindemitteln vermengt, auch zum Gießen von Skulpturen und Büsten verwenden konnte. Das erleichterte die Herstellung und Vervielfältigung solcher Objekte und machte sie erschwinglich. So ist es bis heute geblieben. Für den Kunsthandel ist es immer besser, wenn eine Figur aus reinem Marmor gehauen wurde. Es ist sehr viel aufwendiger und es erfordert ein Vielfaches mehr an Präzision, aus einem Marmorblock eine komplette Figur herauszuarbeiten, als diese in Ton zu fertigen, davon eine Form anzufertigen und Alabaster hineinzugießen. Erschwerend zur Preisfindung kam bei der Tänzerin noch hinzu, dass eine Hand und der im Neunzig-Grad-Winkel nach unten zeigende Fuß abgebrochen und notdürftig angeleimt waren. Ich ging zurück ins Arbeitszimmer.

»Die gute Nachricht ist, es ist echte feuervergoldete Bronze und eine Signatur konnte ich auch finden«, erklärte ich der gespannt wartenden Frau Hermanns.

»Na, das ist doch was. Ich finde die Figur macht was her. Ich hatte erst überlegt, ob ich sie behalten sollte, aber, ach, was weg ist, ist weg, und Sie finden sicher eher einen Restaurator, der sie wieder reparieren kann, als ich. Was ist denn die schlechte Nachricht? Ist es denn kein Marmor?«

»Leider nein«, sagte ich etwas betrübt. »Aber das macht gar nichts. Ich finde sie fantastisch ausgearbeitet und sehr hübsch. Ich denke, sie wird schon ihren Käufer finden. Diese Art Skulpturen, welche Bronze und Alabaster in sich vereinen, nennen sich Chryselephantin-Figuren und haben einen eigenen Sammlerkreis. Natürlich muss ich bei meiner Preisfindung die kaputten Stellen einkalkulieren.«

»Schade«, seufzte Frau Hermann, »aber nicht zu ändern. Stellen Sie sie am besten gleich auf den Tisch im Wohnzimmer. Ich helfe Ihnen und bringe die Vase mit.«

Ich schaute mich schnell noch im Raum um, um sicherzugehen, dass mir in der Eile nichts entging. An der Wand hingen ein paar Gemälde, die aber nur auf alt getrimmt waren. In den Achtziger- und Neunzigerjahren gab es viele anonyme Kunstmaler, die alte Werke neu gemalt haben und diese auch damals gut an den Mann zu bringen wussten. Leider wurden diese häufig sogar als Originale verkauft und zählen in meinen Augen damit zu Kunstfälschungen. Fälschungen begegnen einem Kunsthändler nahezu täglich. Man muss die Augen immer offenhalten, und es bedarf einer guten Spürnase und viel Erfahrung, um eine gute Replik zu enttarnen. Diese hier waren jedoch so plump ausgeführt, dass ich es schon von Weitem erkannte.

Auf dem Kaminsims stand eine Kaminuhr, die sich jedoch bei näherer Betrachtung als Neo-Neo-Rokoko-Nachbau aus den Fünfzigerjahren herausstellte. Sie besaß sogar ein batteriebetriebenes Quarzwerk und konnte somit definitiv keine Antiquität darstellen.

»Ja, ich glaube hier sind wir dur... – halt! Hier habe ich noch etwas entdeckt!«, entfuhr es mir. Im Vorbeigehen griff ich nach einem schwarzen Füllfederhalter, der in einem Stiftebecher auf dem Schreibtisch steckte. »Ich nehme das mit rüber, und wir schauen es im Wohnzimmer an«, rief ich Frau Hermanns hinterher, die die Gallé-Vase behutsam wie ein Baby in ihren verschränkten Armen vor ihrem Körper trug, um mit ihr keinesfalls irgendwo anzustoßen.

Im Wohnzimmer angekommen, stellten wir die Dinge vor uns auf den Tisch. Den Federhalter hatte ich mir in die Tasche gesteckt, damit ich die Bronzestatue besser tragen konnte. Nun zog ich ihn heraus und begutachtete ihn mit der Lupe.

»Was haben Sie denn noch gefunden?«, fragte Frau Hermanns, in Anbetracht der Schätzchen, die wir schon geborgen hatten, zunehmend aufgeregter. Unruhig hibbelte sie vor mir hin und her.

»Einen Federhalter von Montblanc«, erklärte ich, in das Objekt vertieft. Er war in einem guten Zustand. Seine Oberfläche war wie frisch poliert und hatte keine Kratzer oder gar Risse. Die 750-Karat-Echtgold-Feder war noch vorhanden, doch ihre beiden Schreibspitzen spreizten sich durch häufige Benutzung bereits auseinander. »Mit dem wurde sehr viel geschrieben. Die Feder eignet sich nicht mehr. Die muss ersetzt werden.

Aber man bekommt sie heute noch gekauft. Montblanc ist gut zu erkennen an dem sechszackigen Stern an der abgerundeten Seite der jeweiligen Schreibgeräte«, erklärte ich der wissbegierigen Dame an meiner Seite und zeigte mit dem Finger an das obere Ende des Füllers.

»Mhm, okay. Das werde ich mir merken. Wenn mein Opa hier noch weitere solcher Stifte hat, kann ich Sie ja noch mal kontaktieren.«

»Gern.«

»Dann sind wir mit der unteren Etage durch. Wohnzimmer, Küche, Bad, Flure und Herrenzimmer haben Sie gesehen. Im Schlafzimmer stehen noch so ein paar alte weiße Lackmöbel. Aber Möbel nehmen Sie ja nicht, sagten Sie. Das Gästezimmer ist bereits leer. Fehlt nur noch der Dachboden. Ich weiß gar nicht, was uns da erwartet. Sicher eine Menge Staub und Spinnenweben«, lachte Frau Hermanns amüsiert und flog schon wieder voraus. Eine engstufige Wendeltreppe führte hinauf zum Dachboden des Hauses.

Auf Dachböden wird oftmals vieles aus früherer Zeit eingelagert, und es fällt mitunter schwer, sich einen Weg durch die verbauten Gänge zu bahnen. Meistens liegt alles umher und keiner weiß so recht, was da oben zu finden sein mag. Ich habe jedoch die Erfahrung gemacht, dass man selten wirklich wertige Gegenstände auf dem Dachboden verstaut. Es gibt Fälle, bei denen man eine Waffensammlung oder auch einen Münzschatz auf solchen Böden, vor allem in den Kästen zwischen Boden und Dach oder auch unter der Dielung, gefunden hat. Diese bilden jedoch heutzutage die Ausnahme. Im Zuge des Ersten und Zweiten Weltkriegs wurden solche Verstecke angelegt und befüllt. Deshalb traten auch die Sichtungen solcher Schatzkammern gehäuft erst nach dem Krieg beziehungsweise, in Ostdeutschland, auch vornehmlich nach der Grenzöffnung zutage. Man sanierte die alten baufälligen Häuser und stieß unweigerlich auf diese Dinge. In unserem Schloss soll es auch einmal einen Münzschatz gegeben haben. Er soll versteckt im Gebälk des Dachbodens gelegen und bei der Sanierung des Dachs gefunden worden sein. Bestätigen konnten wir das aber nie. Heutzutage ist bereits weitestgehend alles an versteckten Altertümern gefunden worden, und es war ebenso unwahrscheinlich, dass man hier auf solch ein Kleinod stoßen würde.

Frau Hermanns stieß kraftvoll die Deckenluke beiseite und warf als Erste einen Blick auf den Dachboden. »Ach, hier ist ja gar nichts«, murmelte sie leise, während sie zur Gänze durch das Loch in der Decke den Boden betrat. Ich hörte von unten nur dumpfes Schallen und Knarren. Der lang nicht mehr begangene Dachboden schien sich zu strecken und den ersehnten Besuch begrüßen zu wollen, denn um mich her knarrte, scharrte und schnurrte es, mit jedem Schritt, den Frau Hermanns über mir machte, laut auf.

»Und? Gibt's was Spannendes?«, rief ich hinauf und folgte der murmelnden Dame. Zu meiner Enttäuschung war der Dachboden vollkommen leer.

»Nein, Herr Kahl, hier ist nichts mehr zu finden.«

»Außer Staub und Spinnweben, genau wie Sie es gesagt haben«, schmunzelte ich und war ehrlich gesagt auch ein wenig erleichtert, dass ich mich hier nicht durch Berge undurchdringlichen Materials zur Sichtung kämpfen musste. Wir genossen noch ein paar Minuten die Aussicht aus den Dachfenstern hin zur alten Dorfkirche, die im neogotischen Stil errichtet war, ihre Ursprünge doch aber im 14. Jahrhundert hatte, und stiegen unter lautem Krächzen der Dielung wieder nach unten. Die Bodenluke des Dachbodens krachte laut ins Schloss, und Staub rieselte von der Decke.

»Tja, wir sind durch«, meinte Frau Hermanns in abrundenden Tonfall zu mir, während wir auf der gewundenen Treppe nach unten liefen. »Wir haben im Grunde alles gesehen, denke ich. Und das auch ganz erfolgreich. Ich bin gespannt auf Ihre Meinung zu den Objekten. Ach halt – der Keller! Mensch, den hätte ich fast vergessen. Ob da was ist, das für Sie interessant ist, weiß ich auch nicht, aber ein Blick hinein kann ja nicht schaden. Gehen Sie einfach die Treppe weiter nach unten. Und stoßen Sie sich bloß nicht den Kopf! Da kommt gleich so eine blöde Kante.«

Ich sah die Kante und wich ihr aus, indem ich den Kopf wie eine Schildkröte zwischen meinen Schultern verbarg und eine gekrümmte Haltung einnahm. So lief es sich nur sehr mäßig die Wendeltreppe hinab, aber es funktionierte.

»Ich habe mir hier schon so oft den Kopf angeschlagen«, sprach die Dame hinter mir und fasste im Drunterdurchgehen mit der Hand gegen die Kante, um nicht von ihr hinterrücks doch noch getroffen zu werden. »Mein Opa war ein kleiner Mann«, lachte sie. »Warten Sie, ich schließe den Keller auf.«

Sie zog einen übergroßen und voll behangenen Schlüsselring aus irgendeiner mir entgangenen Nische ihres Kleides hervor und fand dank Nummerierung der Schlüssel sogleich den richtigen. Hier unten, wo es feuchter und wärmer war als im Rest des Hauses, war jeder noch so kleine Kellerwinkel verwoben von Spinnennetzen, in denen sich seit Jahren gesammelte, ausgesaugte, leere Insektenhülsen zu schwarzen Ballen auftürmten. Hier und da startete eine im Sterben liegende, eingesponnene Fliege mit letzter Kraft den vergeblichen Versuch, aus den tödlichen Fäden der Netze zu entfliehen. Sie summte kurz auf, fiel jedoch sogleich wieder ins Netz zurück und grub sich noch tiefer in die todbringenden Fänge der Spinnen. Ich habe diesem Schauspiel schon in der alten Scheune unseres ehemaligen Umgebindehofes gespannt zugeschaut. Abends, wenn alle kauffreudigen Besucher den Laden meiner Eltern verlassen hatten, setzte ich mich auf die mittig gelegene Weichholztreppe und lauschte in die Stille. Wenn ich etwas zappeln hörte, flitze ich hinauf, um nachzusehen. Manchmal verhedderte sich sogar ein Schmetterling in den Netzen. Diesen konnten kleine Spinnen keinesfalls mit ihrem klebrigen Netz aus ihrem Hinterleib umweben, und so hängten sie sich einfach an eines seiner Beine oder an seinen eingerollten Rüssel, um ihn möglichst so lange im Netz zu halten, bis er verendete. Mich fasziniert bis heute noch diese Abstrusität, in den eigenen vier Wänden Zeuge von der Gnadenlosigkeit und räuberischen Raffinesse der Natur werden zu können. Überall um uns herrscht ein Kampf auf Leben und Tod. Unbemerkt. Im Verborgenen ausgetragen. Gelebter Darwinismus. Grausamkeit und Anarchie auf der einen Seite. Sanftmut und Überlebenstrieb auf der anderen. Die Natur ist jedoch fast nie aus Lust am Töten selbst grausam gegenüber ihren Geschöpfen. Diese Kausalität zog mich als Kind schon in ihren Bann, und die Faszination dafür blieb bis heute bestehen.

Frau Hermanns sah das Ganze offensichtlich etwas anders als ich. Mit vor Ekel verspanntem Gesicht stieß sie die schwere Metalltür zum Keller auf und schlug zuerst mit einem an der Seite stehenden Besen nach den in der Tür hängenden Weben. Danach tat sie keinen Schritt mehr, ohne sich ständig umzublicken und vor allem die niedrige Decke ständig nach Spinnen abzusuchen.

»Machen Sie bitte schnell. Hier unten ist's mir unheimlich«, sagte sie und ging wieder ein paar Schritte näher zum Ausgang. Ich sah mich um. Ein absolutes Chaos. Alles, was nicht auf dem Dachboden zu finden war, lagerte hier – und das offenkundig schon seit Jahrzehnten. Vieles war eingepackt in Kisten und Kartons. Die Möbel waren mit hauchdünner Abdeckfolie überzogen, die sich bei jedem Windhauch fast geisterhaft wie in Zeitlupe bewegte und dabei geheimnistuerisch säuselte. An einigen Stellen war sie zerlöchert und gerissen, und ich konnte das darunter eingehüllte Mobiliar erkennen. Das meiste stammte aus den Sechziger- und Siebzigerjahren. Typische Pressspanmöbel. Das war nichts für mich. Ein vollkommen zerwurmter Spiegel mit fehlender Konsole stand linkerhand neben der Tür. Sein Holz fühlte sich durch die unzähligen Holzwurmlöscher, die sich tief in das Material gearbeitet hatten, an wie Pappe.

»Puh. Den kann man nur noch verheizen«, meinte ich erstaunt, und indem ich etwas zu fest zugriff, riss ich ein Handballen großes Stück bröseligen Holzes heraus. »Am besten so schnell wie möglich, nicht, dass die Würmer noch andere Möbel oder sogar das Fachwerk im Haus befallen«, riet ich der Hausbesitzerin. Je mehr ich mich umschaute, desto undurchsichtiger wurde das Getümmel von Müll, Möbeln, Kisten und Kästen und Regalen voller Einweckgläsern für mich. Ich wollte mich gerade zum Gehen umdrehen, da sah ich in einem der Regale etwas hervorblitzen. Unter einem Stapel von vergilbten Zeitungen längst vergangener Tage zog ich mit spitzen Fingern eine golden schimmernde Taschenuhr hervor, an deren Öse eine passende Uhrenkette hing. Ich war ganz begeistert.

»Sie müssen hier unten aufpassen beim Entrümpeln«, erklärte ich Frau Hermanns, als ich wieder in Richtung Tür trat. »Diese Uhr scheint wertig zu sein, und ich möchte nicht wissen, was sich hier noch verbirgt. Ich kann das nur nicht alles sichten, sonst werden wir heute nicht mehr fertig. Außerdem brauchen Sie da am besten einen kleinen Container. Sollten Sie aber noch etwas finden, rufen Sie mich gern an. Die Uhr nehme ich erst einmal mit nach oben. Hier unten ist es zu dunkel, um sie richtig zu erkennen.«

Wieder im Wohnzimmer angekommen, legte ich die Uhr auf den Tisch und blickte an mir herunter. Meine Hose und auch der Saum meines Shirts waren behangen mit Spinnweben und durch den Aufenthalt auf dem Dachboden zunehmend verstaubt. Frau Hermanns bot mir an, die Hände in der kleinen Nische an der äußeren Hauswand zum Garten hin zu waschen. Dort stand ein kleines weiß-blaues Emaille-Waschbecken, wie sie zu Kriegszeiten überall zu finden waren. Das kalte Wasser strömte mir wohltuend über die Hände, während mir die Sonne den Rücken wärmte. Mir wurde jetzt erst richtig bewusst, wie dunkel und kühl es doch in diesem Haus war. Neben dem Becken stand ein kleiner Kehrbesen, mit dem ich mir den gröbsten Dreck von der Kleidung bürsten konnte.

»Haben Sie's gefunden?«

»Ja, vielen Dank. Ich komme gleich wieder rein«, rief ich Frau Hermanns zu, die ihren blonden Dutt aus irgendeinem von meiner Position aus nicht einsehbaren Fenster reckte. Das Fenster klapperte, als sie es hinter sich verschloss, und ich trat wieder ins Innere des Hauses.

»Wo habe ich bloß meine Lupe gelassen?«, sagte ich verzweifelt, nachdem ich mich im Wohnzimmer umgesehen hatte. »Wie vom Erdboden verschluckt.«

»In Ihrer Tasche vielleicht?«

»Nein, da habe ich gerade schon geschaut. Sie ist sicher noch im Herrenzimmer. Manchmal bin ich ein wenig vergesslich«, ärgerte ich mich über mich selbst und lief in den Raum, in dem die Zeit noch immer die Luft anzuhalten schien. Nach kurzer Suche, natürlich nicht ohne noch einmal sicherheitshalber den Raum nach möglichen, bislang unentdeckten Antiquitäten zu scannen, fand ich sie auf der mit geprägtem Leder bezogenen Oberfläche des Schreibpults genau an der Stelle, an welcher zuvor die Glasvase stand. Ich eilte zurück und nahm die Taschenuhr vom Tisch. Schwer lag sie in meinen Händen. Ich drückte auf die Aufzugskrone, und der vordere Deckel, der schützend über dem Zifferblatt lag, sprang auf.

»Aha, eine Sprungdeckeluhr. Hier unten auf der Rückseite des Deckels kann man einen Stempel sehen. Auch mit bloßem Auge ist da eine 585 zu erkennen.« Ich tippte mit dem Finger auf die Stelle, damit Frau Hermanns wusste, wo sie hinschauen sollte.

»Ja, ich sehe es auch, und ich weiß, dass es dann Gold ist«, merkte sie belesen an.

»Richtig. Es ist 585er Gelbgold und auch die Uhrenkette ist aus Gold gefertigt. Über diesem Stempel ist noch ein weiterer zu erkennen. Dieser steht für die Firma Waltham, die auch auf dem Zifferblatt verzeichnet ist.« Ich zeigte ihr den Stempel im Deckel und auch den Schriftzug auf dem Zifferblatt, das mit seinen feinen Ziselierungen auf silbernem Fond sehr edel wirkte. »Ich finde die Ausführung der Uhr wunderschön.«

Sie war achteckig geformt und nicht nur das Zifferblatt, sondern die gesamte Uhr war über und über mit feinsten Gravuren und schnörkeligen Vertiefungen übersehen, die in ihrer Art auf die Zeit um 1920/30 deuteten. Waltham gab es bereits seit 1850 in den USA, doch erst in dieser Zeit wurden ihre Uhren auch in Europa immer beliebter. Bis heute stellen sie ein beliebtes Sammelgebiet dar. Es ist bei weitem keine High-End-Produktion der Uhrenherstellung, aber für Sammler und Uhrenfreunde, die keinen großen Wert auf die Marke legen, finden sich von dieser Firma immer wieder hervorragende Uhrenmodelle zu bezahlbaren Preisen.

Ich machte mich mit einem scharfen dünnen Messer daran, den rückseitigen Werkdeckel zu öffnen, indem ich es zwischen Deckel und Gehäuse der Uhr klemmte und sanfte Hebelbewegungen ausführte. Es dauerte nicht lang und er sprang auf. Das Uhrwerk war unverharzt und sehr gepflegt, was angesichts des Fundortes der Uhr an ein Wunder grenzte, und die Unruh wippte nach kurzem Andrehen der Uhr gleichmäßig und selbstständig hin und her, ohne stehen zu bleiben.

»Sie läuft«, stellte ich fest, klappte den Deckel zu und drückte ihn behutsam am Rand der Uhr in seine Verankerung. Danach legte ich sie zu den anderen Sachen und betrachtete eindringlich das gesamte Sammelsurium vor mir auf dem Tisch.

»Also«, hob ich an, um die verkaufseinleitenden Worte »Was haben Sie sich denn dafür vorgestellt?« zu sagen, da fiel mir Frau Hermanns sogleich ins Wort und bot mir noch etwas zu trinken an.

»Wollen Sie auch noch ein Glas Wasser?«

Ich bejahte, und sie schwebte mit den leeren Gläsern in die Küche. Ich nutzte die kurze Zeit, um mir einen Überblick zu verschaffen. Auf dem hinteren Teil des Tisches standen die Alabasterfigur und die französische Gallé-Vase, neben der Wilhelm-Tell-Figur aus Elfenbein. Die silberne Georg-Jensen-Brosche lag auf den Souvenirlöffeln, welche wiederum im Aschenbecher aus Meißner Porzellan lagerten. Links davor stand das Kerzenhalterpaar von Schierholz, mittig die beiden unsignierten Gärtnerbronzen und rechterhand der Tabaktopf. So langsam wurde es eng auf dem Tisch. Das Glas aus dem Klassizismus war gefährlich nahe an die Tischkante gerückt. Ich rutschte es ein wenig näher an den Schlüsselkasten aus dem Louis-Philippe und schob dabei den Montblanc-Füller beiseite, der von der goldenen Waltham-Taschenuhr am Herunterrollen gehindert wurde. An den Beinen des Tisches lehnten sieben kleinformatige Landschaftsgemälde und bildeten das Schlusslicht dieses Antiquitätenfundus. Während Frau Hermanns mit zwei gefüllten Gläsern ins Wohnzimmer trat, rechnete ich im

Kopf schon einmal grob zusammen, was mich die Fundstücke wohl kosten würden.

»Da ist nun wirklich von allem etwas dabei«, sagte ich, »sowohl Waren für den Trödelmarkt als auch Dinge exzellenter Art und Weise.«

»Das freut mich zu hören, Herr Kahl. Gerade bei der Vase war ich überrascht. Dass mein Opa solche Schätzchen daheim hatte, war mir nicht bewusst. Aber wissen Sie, bei uns kann keiner damit etwas anfangen und ehe die Sachen weitere Jahre verstauben, gebe ich sie lieber ab. Sie finden ja sicher wieder Sammler, die an so etwas ihre Freude haben.«

»So soll es sein. Dann lassen Sie uns doch einmal Stück für Stück aufrechnen.« Ich zog einen Block und einen Stift aus meiner Tasche und schrieb für die höherwertigen Objekte jeweils einen Einzelpreis und für den Trödel einen Gesamtpreis auf das Papier.

»Nur gut, dass ich etwas mehr Geld dabeihabe. Es könnte gerade so reichen«, lachte ich und hielt Frau Hermanns den Zettel mit der Gesamtsumme hin. Die Dame schaute das Papier an, sah zum Tisch und zu mir, holte einmal tief Luft und sagte mit zufriedener Miene: »Herr Kahl, wenn Sie aufrunden, dann sind wir im Geschäft.«

»Das freut mich«, sagte ich erleichtert, froh darüber, dass mein erstes eigenes Geschäft so reibungslos verlief. Ich streckte Frau Hermanns die Hand zum Besiegeln entgegen. Sie ergriff sie, und wir waren uns einig. Ich zählte das Geld auf dem Tisch aus, schrieb eine Quittung und ließ sie diese unterschreiben. Nun war es amtlich. Ich hatte meine ersten eigenen Antiquitäten gekauft.

Frau Hermanns half mir gern beim Einpacken und Verstauen der Objekte. Alles bis auf das Schlüsselschränkchen fand in zwei stabilen Plastikkisten Platz, die ich extra dafür gekauft hatte. Zur Verabschiedung notierte ich Frau Hermanns wie versprochen noch die Nummer des besagten Möbelhändlers aus der Region.

»Melden Sie sich bitte bei ihm und sagen Sie ihm, dass ich ihn empfohlen habe. Er ist verlässlich und bezahlt fair. Aber bei Ihren Möbeln dürfen Sie keine Wunder erwarten.«

»Herr Kahl, ich danke Ihnen. Schön, dass Sie hier waren. Ich freue mich über den Verkauf der Sachen. Sollte ich in dem Chaos noch irgendetwas für Sie finden, dann melde ich mich noch mal. Ansonsten wünsche ich Ihnen eine gute Heimfahrt und viel Erfolg beim Weiterverkauf.«

Wir gaben uns die Hand, und ich fuhr aus der Einfahrt wieder Richtung Leipzig.

Expertentipp: Ist der Handel noch so klein ...

Einen Flohmarktstand oder auch einen größer angelegten Messestand zu betreiben bringt Freude und auch finanziellen Erfolg, wenn man dabei ein paar kleine Regeln beachtet.

1. Die Marktwahl ist das A und O

Um den Hausrat einer durchschnittlichen Haushaltsauflösung zu verkaufen, genügt es, einen kleinen Hinterhofflohmarkt aufzusuchen. Die Standmiete ist hier nicht hoch, und sie ziehen dennoch immer Publikum an. Will man jedoch antike Waren von Qualität und Wert verkaufen, empfehlen sich größer angelegte und gut organisierte Märkte. Für die Standmiete wird hier etwas mehr aufgeschlagen, dafür sind diese Märkte jedoch stark beworben und meistens schon seit Jahren ein Treffpunkt für antikbegeisterte Händler und Sammler.

2. Lieber zu früh als zu spät

Antikmärkte beginnen meistens sehr früh am Morgen oder in Ausnahmefällen – wie Nachtflohmärkte – spät am Abend bzw. in der Nacht. Egal zu welcher Zeit der Einlass auf einen großen Markt für Ausstellende angesetzt ist, man sollte lieber zu früh als zu spät vor Ort sein. Die besten Plätze sind schneller weg als frische warme Brötchen beim morgendlichen Bäckereibesuch. Doch gerade die Platzwahl kann bares Geld wert sein.

3. Den besten Standplatz finden

Auf einem Markt, den man noch nie als Aussteller besucht hat, ist es schwer, den besten Standort für seine Waren zu finden. Es empfiehlt sich, den Markt vorher als Besucher einmal abzulaufen und zu schauen, an welcher Stelle sich die Besucher häufen könnten und wo der Menschenstrom vermutlich abebbt. Ein guter Marktstand ist bestenfalls an einem stark belaufenen Abschnitt des Geländes gelegen, an einer Hauptader des Besucherstroms oder direkt am Beginn des Marktes, und bietet den vorbeiziehenden Kaufwilligen drei Schauseiten.

4. Standaufbau

Hat man den richtigen Ort für seinen Stand gefunden, geht es ans Aufbauen. Klapptische sind eine sehr gute Sache, wenn sie nicht zu wackelig und instabil sind. Hat man schwere Objekte im Gepäck, sollte man sie auf einer schönen Decke auf dem Boden präsentieren oder gegebenenfalls auf Möbeln drapieren. Ein pyramidaler Aufbau ist optisch am schönsten und bietet dem Kunden einen schnellen Überblick. Kleine Gegenstände nach vorn und große dahinter. Gemälde lassen sich mit etwas Geschick und Erfindungsreichtum an den Autotüren befestigen und so gut zur Schau stellen.

5. Achtung Diebstahl!

Beim Aufbau eines Standes ist die Diebstahlgefahr am höchsten, da man seine Augen nicht überall gleichzeitig haben kann. Daher betreibt man einen Marktstand am besten zu zweit. Vier Augen sehen mehr als zwei, und mit vier Händen ist die Arbeit im Handumdrehen fertig. Das Auto sollte immer geschlossen und verschlossen sein. Besonders wertvolle Gegenstände sind am besten in einer abschließbaren Vitrine aufgehoben. Auch das Geld und private Dinge sollte man bei sich tragen oder im verschlossenen Auto lassen.

6. Gefragte Ware, faire Preise, guter Verkauf

Das Wichtigste für einen perfekten Marktstand ist natürlich die mitgebrachte Ware. Wer faire Preise für gute Ware anbietet, für den kann ein Flohmarktstand zum lukrativen Nebenerwerb werden.

KAPITEL 11

Die Wüstenblume

ie Berufspraxis lehrt ihre Lektionen nicht immer nur mit guten Ratschlägen und glimpflichem Davonkommen. Jeder Lernprozess ist ein Stück weit mit Leiden verbunden. Jeder Fehler ist auf den ersten Blick ein Schritt in die falsche Richtung, doch wenn man die Dinge mit etwas Abstand betrachtet, kommt man zu dem Schluss, dass so manche Erkenntnis ohne diese Fehler nie in einem gewachsen wäre und dass somit jeder Fehltritt ein Schritt nach vorn bedeutet. Die Erkenntnis ist eine wunderschöne, wohlduftende Blume in einer kargen Wüste, und kein Mensch kommt ungehindert oder leichtfertig an sie heran.

Wenn man Profis bei der Ausübung ihrer Berufe zusieht, muss man sich immer darüber im Klaren sein, dass diese ebenfalls am Rand dieses riesigen ausgebrannten Ödlands gestanden und den Blick ehrfurchtsvoll in die staubbedeckten Weiten schweifen gelassen haben. Keiner weiß, was einen in dieser Wüstenei erwartet, wo die Gefahren lauern und wie man damit umzugehen hat. Doch die Wüste hält immer zweierlei Wege für Erkenntnissuchende bereit: Sie gibt Probleme auf und hält die Lösung im gleichen Moment parat. Sie ist die Hand, die einen füttert, während sie versucht, einen zu verschlingen. Dünn gesät sind in ihr nicht die Probleme und die Lösungen, sondern die daraus resultierenden Chancen, die es zu ergreifen gilt, in welcher Situation auch immer sie auftreten mögen. Manch einer bekommt nur eine auf seinem ganzen Weg. Andere werden überhäuft mit Möglichkeiten, doch nutzen sie nicht. Doch es sind eben diese Chancen, die einen Wüstenreisenden am schnellsten zur ersehnten Wüstenblume bringen.

Noch immer durchschreite ich den sandigen Staub der Dünen, zu Fuß, ein zerschlissenes Hemd umweht meinen hageren Leib, und ein Turban, gewickelt aus einem alten Leinentuch, schützt meinen Kopf vor der sengenden Sonne. Ich bin noch lange nicht am Ziel angelangt, doch hat die Wüste mich leben lassen, hat mir Probleme wie große Felsblöcke vor die Füße gelegt und mir die Lösung doch säuselnd ins Ohr gehaucht. Oft ist es nur ein mich leitendes Gefühl, das mir die Richtung weist. Wie ein innerer Kompass, der sich auf das ausrichtet, was man wirklich möchte. Man muss nur den Verstand beiseitelassen, die Dinge mit seinem Gefühl abgleichen und darauf zugehen. Mein Gefühl hat mich bisher immer in die richtige Richtung gebracht. Wenn ich ihm nicht vertraut habe, bin ich meistens in Probleme geraten. Doch ich habe mich niemals über Fehlschläge oder falsche Entscheidungen allzu sehr gegrämt. Wichtig ist, dass man die richtigen Schlüsse aus seinem Handeln zieht und die Vergangenheit erkenntnisreich hinter sich lässt. Um zu erkennen, was man im Leben möchte und wohin der eigene Weg führt, ist es auch nötig, zu wissen, was man nicht möchte. Ich wollte keine Kunstgalerie für moderne Kunst besitzen und auch keine gastronomische Einrichtung führen. Und auch wenn ich diese Projekte begonnen habe und nach einem Jahr Betriebszeit verschuldet aus der ganzen Sache herauskam, so hat mich diese Misere nur in der Entscheidung bestärkt, mich dem Antikhandel zu widmen. Und kaum hatte ich diese Entscheidung getroffen, ergab sich für mich sogleich die große Chance im ZDF.

Nichtsdestotrotz ist die Arbeit im Fernsehen etwas anderes als der normale Arbeitsalltag der Händlertätigkeit. Hier lauern die größten Tücken und zugleich die wertvollsten Schätze, die es zu erkennen und je nachdem zu umgehen oder zu bergen gilt. Fehlkäufe sind anfänglich fast schon ein Muss. Man hat noch keine Erfahrung, vertraut und baut zu sehr auf die Meinung anderer und lässt sich allzu leicht beeinflussen. Auch in Sachen Preisfindung ist man noch nicht gestärkt, und die richtigen Onlineportale für die Recherche kennt man noch nicht. Diese Dinge brauchen Zeit, einen langen Atem und vielleicht auch größeres Startkapital. Ich hatte durch meine familiäre Prägung dahingehend einen großen Vorteil, hatte von Kindheit an mit diesen Dingen zu tun und konnte mich auf den Rat meines Vaters verlassen, wenn ich Fragen hatte oder eine zweite Meinung einholen wollte. Und dennoch passierten im Eifer des Gefechts auch mir die gravierendsten Fehler.

Ich erinnere mich noch an einen ganz besonders komplizierten Fall. Es war im Sommer 2013. Ich hatte gerade meine ersten Wochen am Set von *Bares für Rares* hinter mir und fuhr eindrucksschwer von Köln zurück nach Leipzig. Ein paar Tage zuvor hatte ich mit einem netten Herrn am Telefon besprochen, dass ich ihn auf meiner Rückfahrt in der Nähe von Kassel besuchen würde, um mir die Dinge, die er anzubieten hatte – er sprach von Porzellanfiguren aus Thüringen, zwei Bronzestatuen und einigen Gemälden –, direkt vor Ort anzuschauen. Es dämmerte bereits, als ich in die Einfahrt des kleinen Einfamilienhauses einbog und vor dem Garagentor zum Stehen kam.

Ein freundlicher kleiner Herr mit krausem grauen Haar und runder Brille öffnete mir die Tür. »Guten Tag, Herr Kahl, Lauritz mein Name«, sagte er und gab mir die Hand. »Kommen Sie herein. Ihren Rucksack können Sie im Wohnzimmer ablegen. Kann ich Ihnen etwas zu trinken anbieten?«, fragte er, während er quer durch das karg möblierte Wohnzimmer schritt und schon fast in der kleinen Küche stand. »Ja, sehr gern«, antwortete ich. »Ein Glas stilles Wasser, bitte.«

Mein Blick schweifte beim Reden schon unruhig hin und her auf der Suche nach verborgenen Schätzchen an den Wänden des Hauses, in der Vitrine oder auf den Fenstersimsen des Wohnzimmers. Alles wirkte trotz des gelblichen Lichts der Glühbirnen auf eigentümliche Weise kalt und ein wenig abweisend, gerade so, als würde jemand nur noch einen Tag in seiner alten Wohnung verbleiben, um in eine neue umzuziehen. Ich hatte das Gefühl, als würden sich die Wohnung und der Raum an sich zurückziehen und alle Innereien wie Mobiliar, Gemälde und Deko brächen aus den Wänden und aus ihrer Umgebung heraus und stünden gezackt umrandet, leicht wackelig und doch regungslos, wie auf einem Bein stehend, abholbereit da.

»Das ist die Wohnung meiner Tante, wissen Sie. Sie ist vor einem halben Jahr verstorben und nun sind wir dabei, die Wohnung zu beräumen. Sie hat vieles gesammelt und keiner von uns kann damit etwas anfangen. Sie sehen ja selbst, hier ist von allem etwas dabei.«

»Ja, es ist eine ganze Menge. Ihre Tante war dem Anschein nach vielseitig interessiert«, sagte ich, interessiert zu erfahren, welchen Beruf die gute Dame ausgeübt hatte.

»Ja«, nickte Herr Lauritz, »sie war sehr belesen. Sie flüchtete sich ein wenig aus der Realität in ihre eigene Welt. Mit zunehmenden Alter leider immer mehr und mehr. Die letzten Tage ihres Lebens verbrachte sie in einer psychiatrischen Klinik, aber die konnten nichts für sie tun. Realitätsflucht ist nur mit langer Behandlungszeit therapierbar, und die hatte sie leider nicht mehr.«

»Und was machte sie vor der ganzen Sache beruflich?«

Der kleine Mann seufzte leicht auf. »Sie arbeitete in einer innerstädtischen Behörde.«

Wir schwiegen einen Moment.

»Nun ja«, sagte Herr Lauritz schließlich, »lassen Sie uns einmal durchs Haus gehen. Grundsätzlich soll ja alles aufgelöst und veräußert werden, aber ich kann mir vorstellen, dass für Sie nur bestimmte Dinge infrage kommen dürften.«

»Ja, also hier ist ja vieles aus den Siebziger- und Achtzigerjahren zu finden«, pflichtete ich ihm bei. »Das ist für mich eher uninteressant. Aber die Gemälde sehen schon gar nicht schlecht aus. Ich schaue mir erst mal alles in Ruhe an.«

Draußen war es bereits dunkel geworden und nur die diffus schimmernden Deckenlampen sorgten für dämmrige und sehr bescheidene Lichtverhältnisse. Herr Lauritz ging voraus in die Küche, die zu meinem Erstaunen mit allerhand porzellanen Figuren gespickt war.

»Ein ungewöhnlicher Ort für eine solche Sammlung«, meinte ich schmunzelnd.

»Ja. Die Gute hatte so ihre Eigenheiten.« Herr Lauritz kehrte seinen Blick den Erinnerungen an seine Tante zu und lachte dabei leise auf. Ich schaute mir nun jede Figur einzeln genauer an. Es waren leider sehr viele uninteressante Motive von kleineren Thüringer Marken dabei, an denen ich kein Interesse hatte.

»Bei Thüringer Porzellan suche ich eigentlich eher die bekannten Marken wie Aelteste Volkstedt, Schwarzburger Werkstätten und ENS oder besonders schöne und auffällige Figuren. Dies hier sind kleine Porzellanmanufakturen, vorrangig im Thüringer Wald ansässig und auch ein paar aus Plaue und Tettau. Diese vier kleinen Reiterfiguren gefallen mir sehr gut. Die militärischen Gewandungen der Reiter sind der napoleonischen Zeit nachempfunden. Hier ist sogar ein Offizier dargestellt«, stellte ich fest und nahm die Figur vorsichtig in die Hand. Die Marke besagte, dass sie aus der Aeltesten Volkstedter Porzellanmanufaktur stammte. Diese Produktion hat bis heute Bestand und gilt als die älteste und bekannteste Manufaktur thüringischen Porzellans. »Und diese hier«, ich deutete mit einem Nicken auf eine große Porzellanplatte mit sechs Figuren beim Musizieren, während ich den Reiter vorsichtig zusammen mit den anderen drei auf dem Küchentisch abstellte, »die ist besonders schön, da sie eine außerordentliche Größe hat und kaum Beschädigungen aufweist.«

Hier und da war der Tüll leicht abgebrochen und vergilbt, aber das sind die typischen Alterungsspuren. »Die Markung mit dem durchkreuzten S steht für Sitzendorf. Ist nicht unbedingt mein Favorit, aber bei einer solch schönen Platte sage ich auch nicht nein.« Mit diesem Worten stellte ich sie zu den drei Reitern.

»Na, da kommt ja schon was zusammen. Ein paar Kleinigkeiten«, meinte Herr Lauritz sichtlich erleichtert darüber, dass ich etwas gefunden hatte.

Bestimmt meinte ich zu ihm: »Ich denke, ich habe hier alles gesehen. Die anderen Figürchen sind zu häufig und leider uninteressant. Das ist etwas für das kleine Geld auf dem Flohmarkt. Vielleicht haben Sie Enkel, die sich etwas dazuverdienen wollen. Da wäre das eine gute Sache.«

»Gut, dann gehen wir weiter«, sagte der Herr mit den Krausehaaren, schritt aus der Küche heraus durch das Wohnzimmer in den engen, dunkel vertäfelten Hausflur und stieg die sich leicht nach links windende Eichentreppe hinauf. Ein oben halbrund gewölbtes, langgestrecktes Bleiglasfenster aus bunten Scherben, modern zu einer fast abstrakten biblischen Szenerie engagiert, zierte den Treppenaufgang in der Senkrechten und verströmte bei Sonnenschein sicherlich ein wundervolles Farbenspiel an den Wänden. Nun, bei Nacht, wirkte es aber, als würden die abgebildeten Figuren ins bodenlose Nichts starren. Gräulich blind mit scheinbar aufgerissenen Augen und Mündern. Die silbrig glänzende Färbung des Bleigitters, das die Ränder der Glasflächen umrahmte, reflektierte das dämmrige Licht der Glühlampe unterhalb des Treppenaufgangs und ließ die Gewandungen der Personen wie von einer leichten Brise gepackt gespenstisch schweifen.

»Schauen wir mal schnell noch ins Schlafzimmer, aber ich glaube nicht, dass Sie da fündig werden«, ermunterte mich Herr Lauritz und zischte geschwind am Glasfenster vorbei.

Selten so ein spooky Haus gesehen, dachte ich bei mir und folgte ihm. Oben angekommen deutete er auf die weißlackierte Tür direkt vor ihm und bat mich, einen Blick hineinzuwerfen. Ich schaute in die pechschwarze Finsternis des Raums und tastete die Wände nach einem Lichtschalter ab. Klick. Die Energiesparlampe brauchte einige Sekunden, um in voller Gänze zu strahlen, und so hatte ich das Gefühl, als würden die Möbel in diesem Zimmer das Licht meiden. Als würden sie angeleuchtet werden, sich jedoch dem Licht verwehren und in matter Düsterheit verweilen wollen. Nach und nach strömte das Licht in alle Ecken des Raumes, und ich sah nun klarer. Der Raum schien wie aus einer anderen Zeit zu stammen und gleichzeitig alle Zeiten zu vereinen. Ein Op-Art-Teppich lag bäuchlings gespannt in der Mitte des Zimmers und nahm fast den gesamten Boden ein. Ein wildes geometrisches Meer violett-orange-roter Muster erzeugte ein faszinierend unvertrautes Flirren auf der Netzhaut des Betrachters, das den Blick zum Abwenden, doch gleichermaßen auch zum Hinsehen zwang. Wendete man den Blick vom Boden auf die Tapisserie, so fand man sich in einem rosigen, weitverzweigten Blumengebilde wieder, welches hier und da von großformatigen Gemälden und Kunstdrucken aufgebrochen wurde. Ich ging näher an die Bilder heran.

»Hm, das ist ein Druck, das ist eine Lithografie ... Hier haben wir eine Radierung ... Damit handele ich leider fast gar nicht. Ah, hier, das ist ein Gemälde.«

Von Herrn Lauritz hörte ich keinen Ton. Er hatte mich im Flur wohl nicht hören können. Ich nahm das Bild von der Wand, um es im richtigen Licht besser erkennen zu können, und betrachtete es eindringlich. Eine Schlachtenszenerie breitete sich blutig und barbarisch vor meinen Augen aus. Im Vordergrund ein liegender Mann mit gespaltener Schädelplatte. Sein Blut ergoss sich als Rinnsal auf die karge Erde unter ihm, und das Gewehr lag noch in seinen toten Händen. Zur Linken kauerte sein treuer Gaul wartend darauf, dass sein Reiter sich wieder in den Sattel schwang. Den Bildmittelgrund bildete ein Gewühl aus kriegerisch ineinander verschlungenen, sich erschießenden und mordenden Kämpfern, einige davon mit Turban, andere mit eisernem Helm und Rüstung geschützt. Dunstschwaden vom Rauch der Kanonen und Tromblone lagen schwer und diesig in der Luft. Über allem thronte im rechten Bildteil eine gewaltige Festungsanlage mit barocken Stilelementen. Das Gemälde beschrieb die berühmten und häufig dargestellten Türkenkriege unter dem Kommando des Prinzen Eugen von Savoyen, welche letztlich mit einem Sieg der Habsburger über die Türken endeten. Im Barock ließ man die Erinnerung daran gern wiederaufleben und ergötzte sich an allen Einzelheiten in detailreicher Malerei. Das großformatige Gemälde machte auf mich einen sehr guten Eindruck. Auch die Rückseite war mit alter Keilrahmung versehen und wies die üblichen Alterungsspuren auf. Ich lehnte es an das Geländer im Flur.

»Ah, ich hätte nicht gedacht, dass Sie da drin etwas finden«, meinte der auf der Treppe sitzende Herr Lauritz.

»Ich bin noch nicht durch. Komme gleich wieder«, sagte ich und verschwand wieder in dem surrealen Zimmer. Ich schaute zu meiner Rechten. Ein Art-déco-Schminktisch mit passendem Sessel in Nußbaum-Wurzelholz diente wohl schon seit Jahren als Ablage für unzählige Parfumflakons. Der Raum roch daher auch nach einem Gemisch von verschiedenen Blütenextrakten, Honig, Moschus und einem Schuss Opium. Es war eine gute, wenn auch abgestandene Mischung. Die Dame liebte scheinbar Parfum, denn alle Flakons waren entweder leer oder zumindest halb aufgebraucht und der Tisch schien sich unter ihrem Gewicht über die Jahre etwas abgesenkt zu haben. Über dem zum Tisch gehörigen Spiegel hing ein weiteres, großformatiges Gemälde mit der Darstellung zweier Pferde in einem halboffenen Stall. Eines von ihnen fraß Heu aus einem Holztrog, während das andere angeleint, das rechte Hinterbein auf den Oberschenkel eines Pfeife rauchenden Mannes gelegt, neue Hufeisen beschlagen bekam. Eine Szene, die in der Zeit des Biedermeiers weit verbreitet war und sich auch heute noch regem Kundeninteresse erfreut. Das Bild musste aus der Epoche der Romantik stammen. Ich schätzte es auf die Zwanzigerjahre des 19. Jahrhunderts. Der stahlblaue Himmel über der Szenerie gefiel mir besonders gut, da ich die Erfahrung gemacht hatte, dass sich Gemälde dieser Epoche besser verkaufen lassen, wenn keine einzige Wolke den Himmel bedeckt. Alles muss frisch und leicht sommerlich anmuten, Ungezwungenheit ausstrahlen und doch eine romantische Tiefe verspüren lassen.

Wunderschön, dachte ich bei mir. Schon zwei richtig gute Gemälde in diesem Haushalt. Ich bin gespannt, was im Wohnzimmer noch so zu finden ist, dachte ich und rief in den Flur: »Okay, Herr Lauritz, bin durch! Die beiden Bilder würde ich erst mal mit runter ins Wohnzimmer nehmen. Ich stelle mal zusammen, was mich interessiert, und dann sprechen wir über den Preis.« Ich nahm das Pferdebild in die eine und das Schlachtengemälde in die andere Hand und stieg behutsam die

Treppe hinunter. Herr Lauritz folgte mir und betrachtete meine »Beute«.

»Schöne Gemälde haben Sie da gefunden. Die müssen uralt sein. Bei der Kampfszene meinte meine Tante immer, dass diese selten und wertvoll sei.«

»Ja, da hat sie recht. Das ist bisher das Beste aus dem ganzen Sammelsurium«, sagte ich beipflichtend, darauf bedacht, nicht die Treppe hinunterzustürzen oder mit einem der Gemälde an den Wänden entlang zu schleifen. Im Wohnzimmer lehnte ich beide Bilder gegen einen großen, gut gepolsterten Armlehnsessel. Ich betrachtete sie noch einmal genauer.

»Die Lichtverhältnisse hier machen mir zu schaffen. Es ist zu gelbstichig. Da lässt sich kaum erkennen, ob noch Reinigungs- oder Restaurierungsbedarf besteht. Dass es Originale aus der Zeit sind, davon gehe ich aus. Besseres Licht bekommen wir hier nicht hin, oder?«

Ich sah mich um und ärgerte mich, dass ich meine Taglichtlampe nicht dabeihatte. Im ganzen Haus schien es nicht eine einzige weißleuchtende Lampe zu geben, und alles Licht schien wie von der Umgebung verschluckt. Es gelang ihm nur mit Mühe und nur sehr schwach, die Gegenstände zu beleuchten. Fast ein wenig kränklich lag es abgemagert auf den Flächen der Möbel und schob riesige ausgefranste Schatten vor sich her, die mehr Licht schluckten, als sie freigaben. Es war rundum gesagt das allerbeste Ankauflicht. Ich hatte die Wahl, ein andermal wiederzukommen oder das Risiko einzugehen, die Katze im Sack zu kaufen. Ich dachte nicht allzu lange darüber nach und entschied mich für letztere Variante. Was man hat, das hat man, und ich könnte die Gemälde direkt einem Sammler anbieten.

Im Wohnzimmer fanden sich zu meiner Überraschung kaum brauchbare Gegenstände für meinen Handel. Ich zog aus einer finsteren Ecke ein weiteres, gegen eine Glasvitrine gelehntes Gemälde. Ein altmeisterliches Blumenstillleben mit einem reichhaltigen, vielseitigen Bouquet aus Rosen, Tulpen, Lilien und vielen weiteren Blumen auf einem Tisch. Darüber hinweg krabbelten und kreuchten eine Vielzahl von Insekten. Kleine Käfer labten sich am an den Blütenkelchen glitzernden Tau, und Schmetterlinge und kleine bläuliche Falter strebten herbei, auf der Suche nach frischem Nektar. Ich scannte das Bild an allen Ecken ab, auf der Suche nach einer Signatur. Nichts zu finden. Rückseitig erkannte ich, dass es auf dunklem Holz gemalt war und ein halb zerrissener Klebezettel, beschrieben in unleserlicher Handschrift, ließ zumindest eine Jahreszahl erkennen. »1620 – Antwerpen«, konnte man mit ein wenig Fantasie aus dem Text eruieren.

»Ihre Tante hat hochwertige und alte Gemälde geliebt. Dieses hier ist ein wunderbares Werk niederländischer Malerei.«

Herr Lauritz versank wieder in Gedanken. »Sie konnte Stunden damit zubringen, dieses Gemälde zu studieren. Es brachte ihr besondere Freude, alles unter der Lupe zu begutachten.« Nach einer kurzen Pause fuhr er fort: »Sie war schon eine eigensinnige Persönlichkeit. Manchmal so lebensfroh und gewitzt und einen Moment später in sich gekehrt und verkrampft. Sie meinte immer, sie höre Stimmen. Schloss sich letztlich nur noch oben im Schlafzimmer ein und wurde darüber völlig verrückt. Bis heute haben die Ärzte keine richtige Diagnose stellen können, und die Behandlungen fielen daher sehr willkürlich aus. Nun ist es zu spät zum Diagnostizieren. Ein Wahnsinn das alles«, endete er und sein retrospektiver Blick fand wieder Halt im Hier und Jetzt.

»Ich denke, ich habe so weit alles gesehen. Es dreht sich nun letztlich für mich um die Porzellanfiguren und die drei Gemälde«, leitete ich mein Kaufgespräch ein und fügte die Figuren aus der Küche dem Wohnzimmerkonvolut hinzu. Noch einmal alles prüfend, nannte ich meinen Preis: »Ich würde Ihnen für die fünf Porzellane und die Gemälde 3.000 Euro anbieten.«

Herr Lauritz blieb scheinbar unbeeindruckt. »Wie sieht es mit 4.000 aus?«

»Das ist mir zu viel«, gab ich zu verstehen. »Ich kann in dem Licht hier auch nicht beurteilen, wie die Gemälde letztlich im Taglicht wirken und welche Fehlstellen oder Restaurierungen ich vielleicht übersehen habe. Meinetwegen komme ich Ihnen noch etwas entgegen. 3.500 Euro wäre ich noch bereit zu zahlen.«

»Abgemacht«, freute sich der kleine Herr, und sein grauer Schopf wippte aufgeregt, als er mir zum Besiegeln des Kaufes die Hand ausstreckte. Handschlag. Geschäft besiegelt. Quittung schreiben. Geld zählen. Ware einpacken. Um 22:45 Uhr fuhr ich aus der Auffahrt und war überglücklich. Ich hatte noch zweieinhalb Stunden Autofahrt vor mir und freute mich auf mein gemütliches Bett, doch meine Gedanken kreisten nur um die Bilder. Es waren meine ersten, selbstständig angekauften Altmeistergemälde. Würde ich sie wiederverkaufen können? Wenn ja, an wen? Sollte ich sie einem Händler anbieten oder lieber auf einen privaten Kunden warten? Mir ging das schummrige Licht nicht mehr aus dem Kopf.

Ein ungutes Gefühl bahnte sich unaufhaltsam seinen Weg durch meine positiven Gedanken. Ein bisschen merkwürdig sahen die Gemälde schon aus. Vor allem die zusammenpassenden Siebzigerjahre-Goldrahmungen sind oft ein Indiz für Fälschungen. Andererseits hat die Dame vielleicht auch nur passende Rahmen dazu gekauft. Ja, der Klebezettel war plakativ abgerissen, so wie man es von Kunstfälschungen kennt. Aber die Holztafel machte einen guten Eindruck und auch das Krakelee war so, wie man es sich wünscht bei Bildern dieses Alters. Beruhige dich. Es wird schon passen, sagte ich im Stillen zu mir und starrte auf die menschenleere Autobahn.

Ich sollte leider nicht recht behalten, doch diese Erkenntnis brachte erst der nächste Morgen.

Ich war beizeiten wach und wälzte mich im Bett hin und her, bis es endlich hell genug war, um die »Beute« von gestern zu sichten. Mein ungutes Gefühl hatte mich zwar nicht verlassen, aber es war einer Art Lethargie gewichen. Ich hatte die Gemälde gestern gekauft und mit nach Leipzig genommen. Alles, was jetzt folgen könnte, war im Grunde unausweichlich. Wozu sich also stressen und verrückt machen? Ich fuhr meinen uralten, aber treuen Opel-Transporter an den Eingang des Hauses und öffnete die Kofferraumklappe. An der Wand angebunden und zum Schutz in Decken und Laken gehüllt, standen die Gemälde, davor lagen in einer grauen stapelbaren Kiste die Figuren aus Porzellan. Ich löste die Spanngurte, trug ein Gemälde nach dem anderen ins Freie und lehnte sie ans Auto, sodass die morgendlichen Sonnenstrahlen sie zur Gänze beleuchteten.

Je länger ich sie von Ferne her betrachtete, desto stärker wuchs mir ein erstickender Knoten in der Brust. Ich starrte auf die Gemälde und gleichzeitig ins Leere. Meine Gedanken rasten und drehten sich im Kreis.

Kann das sein? Kann das wirklich sein? Habe ich denn nichts gelernt? Da war der Verstand wieder schlauer als der Bauch. Die unreflektierte Gier hat dich gepackt und so richtig auf die Schnauze fallen lassen! Na wunderbar! Ich konnte es kaum glauben. Ich sah bereits von Weitem, dass diese Gemälde verdammt gut gemachte, professionelle Kunstfälschungen waren. Verzweifelt ging ich näher heran, drehte und wendete jedes einzelne Bild in meinen Händen. Nahm es hoch und hielt es gegen das Licht. Beschaute Vorder- und Rückseite und suchte die Leinwand wie auch den Keilrahmen und die Rahmung nach entsprechenden Altersindizien ab. Doch schlussendlich bleiben Fälschungen immer Fälschungen. Und hier hatte ich es mit sehr professionell ausgeführten Fälschungen zu tun. Grundsätzlich waren die Bilder in jedem Falle Handmalerei. Keine Drucke. Keine Öldrucke. Keine übermalten Öldrucke. Deshalb war es mir im Dämmerlicht der gestrigen Nacht auch unmöglich gewesen, diese als Fälschung zu enttarnen. Es handelte sich hierbei um Gemälde, gefertigt im Stil der jeweiligen Zeit. Das machte sie nicht gleich zu Fälschungen, wenn die Erschaffer solcher Werke nicht versucht hätten, den Firnis zu altern, das Krakelee künstlich zu erzeugen, die Rückseite der Leinwand dunkel anzupinseln und den Keilrahmen auf alt zu beizen. Darüber hinaus fälschten sie Signaturen und führten mit Datierungen und vielversprechenden Klebezetteln gezielt in die Irre. Auch Herr Lauritz und seine Tante hatten davon keine Ahnung. Sie wird viel Geld für diese Gemälde gezahlt haben, und er kannte sich nicht wirklich damit aus und verließ sich auf die Hinweise und vorgegebenen Preisrichtungen der Dame.

Ich habe 3.500 Euro für Müll ausgegeben, dachte ich verzweifelt. Da retteten mich jetzt auch die Porzellanfiguren nicht mehr, wobei die wenigstens echt waren. Im schlechten Licht hatte ich aber auch nicht bemerkt, dass an den Figuren doch erheblich mehr kaputt oder restauriert war, als ich beim Kauf angenommen hatte. Hier fehlte ein Finger, da war ein Arm geklebt und die große Platte war sogar einmal mitten durchgebrochen und von einem Restaurator in stümperhafter Weise wieder zusammengefügt worden.

Einen halben Tag lang grübelte ich über dem Ankauf und konnte nicht glauben, dass mir das passiert war. Ich hatte nun alle Dinge mit in die Wohnung genommen und sie im Kreis um mich aufgebaut, während ich dasaß, zum einen Teil verzweifelt, zum anderen aber auch selbstironisch, und alles auf mich wirken ließ. Ich hatte viel Geld in den Sand gesetzt, aber wie viel genau? Ich rechnete grob durch. Für die Schlacht bekomme ich 300 Euro. Für die beiden anderen Gemälde jeweils 100. Mit den Porzellanfiguren zum Restaurator zu gehen lohnt sich nicht. Also kann ich für die vier Reiter mit 300 Euro rechnen, und die Porzellanplatte bringt in dem Zustand auch nur 200. Macht hypothetisch 1.000 Euro. Oh Gott. Ich würde also einen Verlust von 2.500 Euro einfahren. Ich brauchte einige Zeit, um das zu realisieren.

Der Kunsthandel ist und bleibt ein Pokerspiel. Wichtig ist, dass man aus seinen Fehlern lernt. Nachdem ich die Eindrücke verarbeitet hatte, machte ich mich daran, die gefälschte Ware genauer unter die Lupe zu nehmen und sie zu studieren, damit so etwas nicht wieder vorkommen konnte. Auch aus einer negativen Erfahrung lässt sich etwas mitnehmen. Natürlich hätte ich Herrn Lauritz anrufen können und in quengeliges Selbstmitleid und Bedauern darüber verfallen können, dass ich den Kauf rückabwickeln und mein Geld wiederhaben wollte. Doch so bin ich nicht. Es war meine Entscheidung, die Bilder bei schlechtem Licht zu kaufen, und es war meine Entscheidung, so viel Geld dafür zu bezahlen. Herr Lauritz hatte nichts verschwiegen, da er über die Bilder nichts Genaues wusste. Ihn traf keine Schuld. Ich musste das allein ausbaden. Und wenn ich schon einmal die Gelegenheit hatte, inmitten von gefälschten Gemälden zu sitzen, so war das die beste Möglichkeit, diese einer genaueren Betrachtung zu unterziehen, um nicht noch einmal so derart an der Nase herumgeführt zu werden. Ein Utensil, das ich seither stets bei mir habe, ist meine tragbare Taglichtlampe. Am besten man besorgt sich einen richtigen Baustrahler. Eine UV-Lampe als zusätzliches Hilfsmittel ist sehr brauchbar, da man damit unfehlbar restaurierte Stellen auf Gemälden und Porzellanfiguren ausfindig machen kann.

Doch die Tücken lauern nicht nur bei Gemälden. Vor zwei Jahren wurde mir eine sehr große Bronzestatue eines Mannes zu Pferde angeboten. Die Figur stellte einen scheinbar über seinem Sattel schwebenden, sich weit nach vorn beugenden Jockey dar, welcher mit sichtlich rasender Geschwindigkeit und mit beiden Händen die Zügel fest umklammernd haltend, sein sehniges Rennpferd in Richtung Ziellinie trieb. Die hervorragend herausgearbeitete Anspannung von Pferd und Reiter ließ sich in ihren Gesichtern ablesen. Die Luft schien um sie herum zu wirbeln, und die Szenerie setzte sich scheinbar in dem Raum fort, der sie umgab. Ich betrachtete sie eindringlich, nahm sie von ihrem Podest, sie wog mindestens 35 Kilo, und sah mir die Unterseite an. Für mich wirkte sie original. Ich habe damals 4.500 Euro für diese Figur bezahlt. Die Plastik stammte von einem namhaften französischen Bildhauer, und die Leute erzählten mir, dass diese Bronzeskulptur schon mindestens seit 100 Jahren im Familienbesitz sein musste. Wie sich herausstellte, war das leider nicht die Wahrheit.

Ich fuhr, stolz wie man nur sein kann, wenn man einen vermeintlichen Schatz im Auto hinter sich auf dem Rücksitz liegen hat, zu meinen Eltern ins Schloss, nahm die Figur aus dem Auto und positionierte sie direkt in der Mitte des Foyers auf einem hohen Tisch. Mein Vater würde Augen machen, dachte ich triumphierend.

»Ach, der liebe Herr Sohn lässt sich mal wieder blicken. Das ist aber schön«, hallte es durch die Eingangshalle, und schnelle Schritte waren auf der Treppe zu vernehmen. Es war meine Mutter, die mich bereits erspäht haben musste, als ich mit dem Auto durch die Toreinfahrt gefahren war. »Komm erst mal nach oben und trink einen Tee mit deinen Eltern«, sagte sie lächelnd. »Und erzähl mal, was es so Neues gibt.«

Ich ging die knarrende Holztreppe hinauf, den Flur hindurch am Büro vorbei und trat durch die große hellblaue, nach oben halbrund abschließende Doppelflügeltür ins Wohnzimmer. Meine Mutter hatte mich bereits im Treppenaufgang abgefangen und mich herzlich umarmt. Ich war aber auch einfach zu selten in Brandenstein und bei meinen Eltern. Durch die Sendung im ZDF hatte mein Leben an Fahrt aufgenommen, und da ich meinen Lebensmittelpunkt nach Leipzig verlagert hatte, fehlte die Zeit, um des Öfteren im Schloss vorbeizuschauen. Im Grunde schade, denn ich liebe diesen Ort. Diese Ruhe. Die Weite der Natur direkt vor der Haustür. Das kulturträchtige Bauwerk mit seinen zwei Meter dicken Mauern, pathetisch stehend wie ein Fels in der Brandung der vorbeischwemmenden Jahrhunderte. Das alles war mir so vertraut, doch der Tumult der Großstadt hatte mich nach Leipzig gerufen.

Rechterhand der Eingangstür des großräumigen Zimmers erfüllte ein sandsteingesäumter Kamin den Raum mit wohltuender Wärme und ließ sein orange-rotes, weich gerandetes Licht über den Boden, die Wände und in einem großartigen Schattenspiel auch an der Decke wie schemenhafte Geister tänzeln. Dabei fiel mir auf, dass es draußen bereits dunkel geworden war und die Fenster allmählich von fragilen Eisblumen vereinnahmt wurden, die die Sicht auf die schneebedeckte, dunkelblau im Licht des am Horizont stehenden Mondes hinaufdringende Landschaft trübten. Es war Mitte Dezember, und das Haus knackte und scharrte im Angesicht des eiskalten Griffes des Winters.

Mein Vater saß, in einen Stapel Fachliteratur versunken, auf der Couch in der Raummitte und schaute nur kurz zu mir auf, als ich auf der Türschwelle erschien.

»Ich habe hier was richtig Tolles angeboten bekommen. Das musst du dir ansehen«, sagte er, und mit einem Lächeln fuhr er fort: »Schön, dass du dich mal wieder blicken lässt. Schau mal hier. Ist das nicht der Hammer?« Er schob einen dicken Wälzer über europäische Glaskunst an die Stelle des Tisches, an die ich mich setzte, um mich sogleich ebenso in die Literatur einzulesen. Unter einer farbigen Abbildung eines handbemalten Glasbechers platzierte sich der Beschreibungstext.

»Farbloses Glas mit ausladender, innen und außen vergoldeter Wandung. Transparenter Reserve mit handgemalter Ansicht des Stephansdoms in Wien. Geschlägelter Ranft. Sechzehnstrahliger Bodenstern. Höhe: zwölf Zentimeter. Anton Kothgasser, Wien um 1815«, las ich laut und bei jedem Wort nickte mein Vater freudig mit.

»Weißt du, was mir angeboten wurde?«

»Ein Anton-Kothgasser-Glas?«, gab ich begeistert zurück.

»Das wäre ja der Hammer. Das ist ja so mit das Beste, was man in dieser Richtung aus dem Biedermeier bekommen kann. Die sind auch ziemlich gefragt und preisintensiv, wenn ich mich nicht irre.«

»Richtig. Ich habe ein Foto eines Glases per Mail zugesandt bekommen, mit einer Stadtansicht darauf. Welche Stadt es ist, kann ich auf dem Foto nicht erkennen. Aber dass es von Kothgasser stammt, ist unverkennbar. Ich schaue mir das nächste Woche mal an. Die Leute wissen, was sie besitzen, aber sie wollen es verkaufen, da ihre Kinder kein Interesse an diesen Dingen haben.«

»Na, da kann man nur Daumen drücken, dass die Preisvorstellung nicht zu hoch ist. Jetzt aber mal zu meinem eigentlichen Anliegen. Es ist schon spät, und ich muss noch nach Leipzig zurück. Ich habe im Foyer eine große Skulptur stehen, die ich dir mal schnell zeigen wollte, um deinen Rat und deine Meinung zu hören.«

Wir gingen ins Foyer, und ich präsentierte stolz den dort platzierten Jockey zu Pferde. Mein Vater war vom ersten Eindruck sehr angetan, blieb jedoch unlesbar ruhig. Er beschaute die Figur von allen Seiten, stellte sie auf den Boden, drehte sie auf die Seite, um den Standfuß unter die Lupe zu nehmen und betrachtete eingehend jede Kleinigkeit, so auch die Signatur und den Gießerstempel. In mir wuchs die Anspannung auf sein Urteil heran. Ich wusste durch die Zusammenarbeit mit meinem Vater sofort, dass etwas nicht stimmte. Er kann sonst nicht innehalten, wenn er etwas Spektakuläres entdeckt hat, und gibt seine Meinung und Begeisterung direkt Preis. Doch dieses langanhaltende, analysierende Schweigen verhieß nichts Gutes und schnürte mir mehr und mehr die Kehle zu. Er atmete geräuschvoll ein und wieder aus, zog die Augenbrauen zusammen, sodass sie wellige Falten auf seiner Stirn schlugen und fällte dann sein vernichtendes Urteil.

»Ich hoffe, du hast nicht viel bezahlt für die Figur«, setzte er an. Die Worte prallten gegen meinen Kopf wie Wackersteine, die man mit Wucht in ruhig fließendes Gewässer schleudert. »Hm, welcher Preis wäre denn realistisch?«, fragte ich nach und hielt mich mit meiner Ausgabe noch zurück.

»Also wenn du 500 Euro bezahlt hättest, wäre es schon viel. Die Bronzeskulptur ist fast nagelneu. Die Patina wurde künstlich gealtert und wahrscheinlich ist es ein Abguss von einer tatsächlich existierenden antiken Figur, hergestellt jedoch in China in den Achtziger- oder Neunzigerjahren. Man sieht es an der groben Ausarbeitung des Gusses und daran, dass zum Teil noch Gips an der Figur klebt.« Er deutete zur Veranschaulichung seiner Worte auf die Hufeisen des Pferdes, an denen deutlich weiße Stellen zu erkennen waren. Ich kratzte mit dem Finger daran und die weiche, pulverartige Maße ließ sich leicht entfernen. Bronzeskulpturen werden in Gips gegossen, härten aus, und nach dem Entfernen der Gipshülle sind alle kleinen Zwischenräume der entstandenen Figur mit dem klebenbleibenden Material gefüllt. In Handarbeit wird dieser dann entfernt und die gesamte Skulptur wird überarbeitet und verfeinert. Da Bronzen in China jedoch nur dem Zweck des günstigen Massenprodukts dienlich sein sollen, spart man sich diesen Aufwand und nimmt sich kaum Zeit für die genaue Ausarbeitung. So kommt es, dass an schwer zugänglichen Stellen der Gips an der Figur haften bleibt und die Figur so in den Verkauf gelangt. Eine grobe Ausformung und weiße Gipsrückstände sind somit zwei sichere Indizien für gefälschte oder neu produzierte Ware aus Billiglohnländern.

Nach dieser Erkenntnis wurde mir leicht schwindelig. Ich starrte zwischen der Figur und dem Gesicht meines Vaters hin und her und hoffte, er hätte etwas übersehen, was seine Meinung doch noch zum Guten wenden würde, aber vergeblich. Das Urteil war gefällt und stürzte wie ein angesägter Mammutbaum auf meine Schulter.

»Was hast du denn bezahlt für die Figur?«, fragte mein Vater, doch sein Gesicht verriet mir, dass er die Antwort bereits zu kennen schien.

»3.500 Euro.«

Ein Raunen hallte durch den großen Raum, prallte an den Wänden ab und rumpelte eine Weile im Treppenhaus hin und her, bis es in einem leisen Säuseln in Richtung Dachstuhl versiegte.

»Na, dann herzlichen Glückwunsch zu einem weiteren Stück Lebenserfahrung«, gratulierte mir mein Vater mit teils entgeisterter, teils erfahrener Miene, wissend, dass er genau dieselben Fehler gemacht hatte. Wissend, dass Fehler im Leben und im Handel dazugehören. Wissend, dass diese Fehler

Erkenntnisse mit sich bringen und dass aus diesen Erkenntnissen letztlich das Wissen entspringt, das an einer anderen Stelle wieder Gold wert sein kann.

Das Leben scheint oftmals wie ein enger und zu kleiner Raum, an dessen Decke man sich durch Unachtsamkeit ständig den Kopf stößt. Ich hatte in diesem Moment das Gefühl, in diesem Raum gelegen, geschlafen und mir, aufgeschreckt durch einen Alptraum, den Kopf so derbe angestoßen zu haben, dass ich wie betäubt zu Boden fiel und es im Hals und in der Wirbelsäule knackte und knirschte. Doch ließ ich mich davon nicht aufhalten. Ich verkaufte die Figur für 500 Euro auf dem Antikmarkt und investierte diese wieder erfolgreich und gewinnbringend in andere Antiquitäten, ohne in Gram über das Verlustgeschäft zu versinken.

In den trockenen, heißen Sand der Wüste fallen, aufrappeln, sich den Staub von der Kleidung klopfen und weiterlaufen. Das alles gehört dazu, will man die tief verborgene Wüstenblume finden.

KAPITEL 12

Eingeschmolzener Goldstaub

D er Landrover mit offenem Dach, besetzt mit einer Handvoll aufgeregt gackernder Menschen, fuhr langsam über die hügeligen Feldwege des Kruger-Nationalparks in Südafrika. Die grelle Sonne erwärmte die Erde ringsumher und ließ die Luft in der Weite der Landschaft wie ein schwebendes, transparentes Meer vibrieren, dessen durch den nahenden Sonnenuntergang in pastellene Farben getauchte Wogen bis zum Horizont schwappten.

Wir fuhren über einen höhergelegenen, langgestreckten Kamm, an dessen Flanke die Ebene wie ein Kessel leicht gewölbt ins Landesinnere verlief und sich am Schluss zu einem kleinen Gebirge auftürmte, vor dessen Panorama eine achtköpfige Elefantenherde vorbeizog. Direkt vor unserem Wagen grasten Zebras und Kudus, und ein staubiges, dick gepanzertes Breitmaulnashorn kreuzte den Weg. In der Talsenke konnte ich kreisende Geier entdecken, die über einem verendeten oder halbtoten Tier ihre fatalistischen Kreise zogen. Ich hatte die ganze Zeit meine Kamera im Anschlag. In Deutschland hatte ich mir extra eine kompakte Kamera mit einem hochauflösenden, zoomstarken Objektiv gekauft. Das 2.000-mm-Zoomobjektiv machte jeden entlegenen Winkel und jedes noch so weit entfernte Tier für mich zum Erlebnis. Nichts entging meinem flinken Finger am Auslöser. Ich war wie ein Jäger in der Graslandschaft. Ein veganer Großwildjäger, wenn man so möchte. Die Kamera war mein Gewehr und wo immer sich etwas bewegte, drückte ich ab und fing die schönen Momente ein, ohne dass ein Tier dabei zu Schaden kam.

Ich habe gelesen, dass rund 18.000 Menschen pro Jahr auf diesen wunderschönen Kontinent fliegen, um 100.000 wehrlose Tiere gegen Geld zu erlegen, aus dem Hinterhalt oder vom Auto aus. Immer mit einem Gewehr und einer Menge Blei. Und wofür? Für ein Selfie mit feige erlegtem Großwild? Wenn man solche Dinge schon machen möchte, dann doch bitte ohne Feuerwaffen und Autos. Nur mit Pfeil und Bogen, einem Speer und einem Messer bestückt, barfuß in der glutheißen Savanne Afrikas. Dann heißt es Mensch gegen Natur. Speer gegen Klauen. Messer gegen Zähne. Mit ungewissem Ausgang. Dann wäre es ein fairer Kampf und auch den Preis wert, den man dafür zahlt. Doch damit würde ein wichtiger Wirtschaftszweig Afrikas versiegen. Der Jagdtourismus ist ein zweischneidiges Schwert. Denn obwohl Tiere dabei ums Leben kommen, werden auch die aus der Trophäenjagd resultierenden Einnahmen benötigt, um die Nationalparks überhaupt einrichten und am Laufen halten zu können. Die Menschen, denen die Schönheit und das Leben Afrikas egal sind und die nur nach einer abartigen Trophäe gieren, sind leider die größten Wohltäter für diesen Kontinent. Ein Paradoxon, wie es zynischer nicht sein könnte.

Als die Sonne ihre letzten Strahlen über die schroffen Steilklippen des Gebirgskammes am Horizont ins Tal hinab ergoss und sich die staubige, karg bewachsene Erde in goldgesprenkeltes Rot färbte, dachte ich zurück an den Tag, an dem dieses Abenteuer seinen Anfang nahm.

Ich hatte es mir auf der Couch gemütlich gemacht und genoss eine Tasse frischen Pfefferminztee, während ich meinen Laptop vor mir auf dem Schoß liegen hatte und über meinem zum Bersten vollen E-Mail-Postfach brütete. 135 ungelesene Nachrichten ploppten in der Schnellvorschau auf, und in jeder einzelnen bat mich jemand um Rat in Antiquitätenfragen. Seit *Bares für Rares* im ZDF lief und immer mehr Zuschauer in seinen Bann zog, stand mein Handy kaum noch still und mein Postfach füllte sich täglich schneller. Der große Erfolg des Formats hatte sich zu meiner Freude nun auch am heimischen Arbeitsplatz bemerkbar gemacht. Die Anfragen reichten von einfachen Schätzungen einzelner Objekte per Foto bis hin zu ganzen Haushaltsauflösungen in Sammlerwohnungen, zu denen ich persönlich hinfuhr. Anfragen aus Österreich, Frankreich, Belgien, der Schweiz und sogar Marokko waren dabei und bezeugten internationales Interesse an der deutschen Produktion.

Ich überflog die Betreffzeilen, um die wichtigsten Nachrichten schon einmal vorab und am schnellsten zu bearbeiten. »Drehtermine Oktober – Dezember 2016«, las ich und klickte darauf.

Lieber Fabian, kannst du uns bitte folgende Termine für den zweiten Drehblock des Jahres bestätigen?

Ich zückte meinen Terminkalender und verglich diesen mit den vorgeschlagenen Terminen. Das sollte alles passen. Für mich kommt an erster Stelle immer die Sendung, meine eigenen Vorhaben baue ich um diese Termine herum. Ich verschickte die Bestätigungsmail und überblickte im Schnelldurchlauf die weiteren Betreffzeilen der Mails.

»Angebot alte Perserteppiche«, »Haushaltsauflösung dringend!«, »Glas und Blechspielzeug zu verkaufen, an Sie, Herr Kahl«, »Meißner-Porzellan-Figuren«, »Puppenstube wie aus Sendung ›Bares für Rares‹« …

Ich wollte mir gerade eine zweite Tasse Tee einschenken, da blieb mein Blick an ein paar leuchtenden Schlagworten hängen: »Verkauf Antiquitäten/Phalaborwa, Südafrika«

»Wer weiß, was das ist«, murmelte ich und öffnete die E-Mail.

Sehr geehrter Herr Fabian Kahl,

als treuer Zuschauer der Sendung »Bares für Rares« im ZDF wende ich mich mit einer ungewöhnlichen Bitte an Sie. Ich stamme gebürtig aus Deutschland, lebe jedoch seit dreißig Jahren in der Nähe von Phalaborwa in Südafrika. Ich habe dort ein Haus am Olifants River erbaut und es mit vielerlei antiken Einrichtungsgegenständen ausgestattet. Da ich aus privaten Gründen nun wieder zurück nach Deutschland ziehen möchte, würde ich gern ein paar der Sachen verkaufen. Im Anhang finden Sie Fotos einiger Objekte. Ich weiß, es ist nicht der nächste Weg, aber könnten Sie sich vorstellen, die Dinge bei mir zu besichtigen? Derzeit bin ich in Deutschland, doch im November fliege ich wieder runter und würde Sie gern dort begrüßen. Ich biete Ihnen an, kostenfrei in meinem Haus zu übernachten. Wenn Sie möchten, können wir uns auch gern vorab in Deutschland kennenlernen. Ich würde gern Ihr Schloss in Thüringen besichtigen. Wenn Sie vor Ort sind, könnten wir einmal Kontakt aufnehmen.

Ich würde mich freuen, von Ihnen zu hören.

Mit freundlichen Grüßen

Stefan Cunningham

Ich saß eine ganze Weile regungslos vor dem Bildschirm und las die Zeilen mehrere Male. Das war doch ein Scherz, oder? Ich klickte auf die Bilder im Anhang. Erstes Bild: eine grünende Palmenoase mit einem großzügigen Bungalow im Zentrum. Zweites Bild: Interieur mit dunklen Wänden, Tierschädeln und

Bronzeleuchtern. Drittes Bild: eine runde Bernsteinuhr aus dem Art déco. Viertes Bild: Deckeldosen aus Bernstein auf mit Rochenhaut bespannten Mobiliar. Fünftes Bild: zwei Männer in einem dunkelgrünen Landrover an einem Fluss. Der eine rot umkreist. Darüber ein Pfeil, beschriftet mit: »Das bin ich.« Zwinkernder Smiley.

Was war davon zu halten? So langsam schwante mir, dass der Mann auf dem Foto dies alles ernst meinte. Nett sah er aus in seinem violetten, kurzärmligen Hemd und mit dem grauen Stoppelbart. Doch ohne ihn kennengelernt zu haben, würde ich nicht einfach so in ein fremdes Land fliegen. Ich schrieb ihm zurück:

Guten Tag Herr Cunningham,

vielen Dank für Ihre Nachricht. Ich finde es überaus interessant, dass unsere Sendung ihren Weg sogar bis nach Afrika findet. Ihre Anfrage reizt mich sehr, da ich ein großer Fan von Afrika bin, jedoch bisher noch keine Gelegenheit hatte, diesen Kontinent zu bereisen. Ich würde mich sehr über ein erstes Kennenlernen auf Schloss Brandenstein freuen. Teilen Sie mir gern mit, wann Sie die Zeit dafür finden. Ich werde es einrichten, vor Ort zu sein.

Liebe Grüße

Fabian Kahl

Keine fünf Minuten später erhielt ich Antwort:

Vielen Dank für die schnelle Antwort. Ich könnte es am 24.4.2016, also am Sonntag diese Woche, einrichten, ab zwölf Uhr vor Ort zu sein. Wenn das auch bei Ihnen passt, könnten wir uns an diesem Tag kennenlernen und auch weitere Details zu Afrika besprechen.

Freundliche Grüße

Stefan Cunningham

Am Sonntag war ich pünktlich zur Mittagszeit auf Schloss Brandenstein und erwartete gespannt meinen Besuch. An Wochenenden und Feiertagen ist unser Familienschloss zu einer zentralen Anlaufstelle für viele Touristen geworden, die sich im Orlatal und im europäischen Naturschutzpark ein wenig umsehen möchten. Mein Vater und ich bieten den Besuchern sonntags die Möglichkeit für Schätzungen von Kunst, Antiquitäten und Schmuck, und auch an diesem Wochenende standen die Menschen vor der »Schatzkammer«, wie mein Vater seinen Antiquitätenladen im Foyer des Schlosses liebevoll nennt, Schlange, um ihre mitgebrachten Familienerbstücke einem Gutachten unterziehen zu lassen. Ich schlich mich unbemerkt an der Menschenmenge vorbei und lief die Treppe nach oben. Hätte ich mich bemerkbar gemacht, wäre ich an diesem Tag zu nichts anderem mehr gekommen als zum Schätzen von antiken Dingen und zum Verteilen von Autogrammen und hätte meinen Gast unmöglich in Empfang nehmen können.

Meine Mutter saß im Wohnzimmer, vertieft in die Abrechnungen der letzten Monate, und bemerkte mich erst, als ich ihr meine Hand auf die Schulter legte. Sie erschrak heftig, und ihre Gesichtsfarbe zeigte eindeutig, dass ihr Blutkreislauf in Schwung geriet.

»Fabian! Du sollst dich doch nicht immer so anschleichen. Deine arme Mutter erschrickt sich hier noch zu Tode! Komm her, du. Schön, dich zu sehen.«

Ich umarmte und drückte sie, hatte ich sie doch seit einer ganzen Weile nicht mehr gesehen.

»In letzter Zeit ist so viel los bei mir. Die Sendung läuft bestens, und ich bekomme viele Angebote. Deshalb bin ich heute auch hier. Ich treffe mich mit einem Herrn, der mir etwas verkaufen möchte.«

»Und da trefft ihr euch hier?«, fragte meine Mutter verdutzt.

»Ja, er wollte das Schloss gern einmal besichtigen und kommt extra aus Stuttgart hierhergefahren. Der Haushalt, um den es geht, liegt jedoch ganz woanders«, lachte ich. »Ich soll ihn in Südafrika besuchen.«

Noch ehe meine Mutter etwas darauf erwidern konnte, hupte es draußen. Ich schaute durch das geöffnete Fenster hinaus, und die frühlingswarme Luft strömte an mein Gesicht. In einem so alten Schlossgemäuer harrt die Kälte eine Weile länger aus. Wenn es draußen sommerlich heiß ist, spendet das Schloss angenehme Kühlung. Im Winter hingegen, wenn der frostige Wind gegen die Mauern und die Fenster drückt, ist das Innere angenehm temperiert.

Von oben sah ich einen etwas rundlichen Mann um die fünfzig mit kurzem grauen Bart und ebensolchen Haaren zu mir hoch winken.

»Hallo. Ich bin Stefan Cunningham. Wir sind verabredet«, rief er hinauf.

»Genau. Warten Sie einen Moment. Ich komme zu Ihnen runter«, antwortete ich, schloss das Fenster und flitzte im Eiltempo die Treppe hinunter. Mein Gast hatte es sich inzwischen auf der sandsteinernen Bank am Kopfende des Schlossgeländes bequem gemacht und genoss sichtlich die wärmenden Sonnenstrahlen, die durch die ersten grünenden Knospen der Buchen am Schlosshang hindurch auf sein Gesicht vielen. Seine Brille trug er oben auf dem Kopf, und mit geschlossenen Augen atmete er die zart duftende Luft. Ich traute mich kaum, ihn aus dieser Tagträumerei zu wecken und räusperte mich daher leise und vorsichtig, als ich näher an ihn herantrat.

Er schlug die Augen auf. »Oh, tut mir leid. Ich wollte nicht unhöflich sein«, meinte er sich entschuldigen zu müssen, »aber die Sonne strahlt gerade so schön und die Luft ist hier einfach viel reiner als in Stuttgart. Nach so einer langen Fahrt tut das gerade sehr gut.«

Er reichte mir die Hand und erhob sich. »Hallo. Stefan Cunningham.«

»Guten Tag, ich bin Fabian Kahl«, sagte ich lachend und schüttelte ihm die Hand. »Ich bin schon so aufgeregt, Sie zu treffen. Mit der Afrika-Idee haben Sie bei meiner Freundin und mir einen Nerv getroffen.«

»Wir können uns gern duzen«, bot er mir in ruhigem Ton und mit einem leichten Lächeln auf den Lippen an und fuhr fort: »Dass dir Afrika gefällt, habe ich mir schon fast gedacht. In einer der Sendungen hast du das mal erwähnt. Du fotografierst ja auch, habe ich gehört.«

»Ja, das stimmt. Aber erst seit Kurzem und auch nur laienhaft«, erwiderte ich. »Ich habe noch wenig Erfahrung auf diesem Gebiet.«

Stefan erzählte, dass es dort, wo er herkäme, eine direkte Verbindung von seinem Haus zum Kruger-Nationalpark gäbe und die Wildtiere aus dem Reservat bis an sein Grundstück herankämen.

»Ich habe ein Wasserloch direkt unterhalb meines Hauses errichtet. Morgens versammeln sich dort meistens viele Tiere zum Trinken und man kann sie aus nächster Nähe beobachten. Das ist wirklich spannend. Kürzlich erst haben wir dort ein kleines Löwenrudel gesichtet.«

»Wow. Das klingt super. Ich habe auch schon mal geschaut, wo das genau liegt und wie man da am besten hinkommt. Man muss einen Inlandsflug nehmen, wenn ich das richtig gesehen habe?«

»Richtig. Von Johannesburg nach Phalaborwa«, erklärte Stefan. »Aber das kann ich dir auch alles noch mal genau schreiben, wenn es so weit ist. Jetzt würde ich gern das Schloss besichtigen«, sagte er bestimmt und erhob sich von der steinernen Bank.

Ich führte ihn gern umher. Wir stiegen die steile Treppe nach unten zum Burgkeller und betraten das menschenvolle Café.

»Na, hier ist was los«, sagte Stefan sichtlich begeistert, winkte dann jedoch ab, und wir entschieden uns, in die höher gelegenen Etagen des Hauses zu gehen. Auch die Geschäftsräume waren gefüllt mit Menschen. »Das zeige ich dir später noch. Gerade am Sonntag herrscht hier oftmals Ausnahmezustand«, lachte ich. Stefan bewunderte das Foyer und das barocke Treppenhaus. Er erzählte, er sei selbst Besitzer eines alten Pfarrhauses bei Stuttgart, das er im Zuge seiner Rückkehr von Afrika nach Deutschland gekauft hatte und welches nun liebevoll mit historischen Baustoffen saniert und restauriert wurde.

»Ich suche dafür auch immer noch schöne Einrichtungsgegenstände. Vielleicht finde ich ja etwas bei euch im Geschäft. Ach, da fällt mir ein, ich habe noch etwas im Auto, das ich gern verkaufen würde. Aber dafür finden wir nachher noch Zeit.«

Nach Beendigung des Rundgangs setzten wir uns ins Wohnzimmer, und meine Mutter kochte frischen Tee mit Kräutern aus dem schlosseignen Kräutergarten, der auf den terrassenartig abfallenden Burgmauern der ehemaligen Burg Brandenstein und ihrer Wirtschaftshöfe prächtig gedieh.

»Warum Afrika?«, fragte ich Stefan, der genüsslich seinen Tee schlürfte. Er stellte die Tasse beiseite und ließ seinen Blick in Erinnerungen schweifen.

»Ich habe damals nach einer Möglichkeit gesucht, die Wildnis zu finden und sie zu bändigen. Nach dem Ende der Apartheid und mit Nelson Mandelas Präsidentschaft durchzuckte Afrika eine enorme Aufbruchsstimmung und eine Welle der Euphorie.

Alles roch nach Hoffnung auf eine bessere Zukunft. Da wollte ich unbedingt dabei sein. Ich habe in Afrika dreißig Jahre lang ein großes Anwesen besessen, das nun zum Verkauf steht. Das Grundstück reicht bis zum Olifants River und endet praktisch nahtlos im Kruger-Park. Das war damals ein absolutes Abenteuer für mich. Ich habe das Haus aufgebaut, Freundschaften geknüpft und im gleichen Zuge viele Arbeitsplätze geschaffen. Einige Menschen fanden bei mir ihr Auskommen – und das in einer Region Afrikas, die von Abgeschiedenheit geprägt ist und kaum Arbeit für die Bevölkerung bietet. Bis heute sind Cliff, Ben und Copter und natürlich meine Haushälterin Rose bei mir beschäftigt. Daraus sind wahre Freundschaften entstanden. Du wirst sie ja kennenlernen, wenn du vor Ort bist.«

»Und warum ziehst du zurück nach Deutschland und gibst in Afrika all das auf?«, fragte ich etwas verwirrt.

»Alles hat seine Zeit. Ich hatte tolle Jahre in der Abgeschiedenheit, habe fast den gesamten Kontinent bereist und mich im Grunde zur Gänze entfalten können. Doch das Heimweh und die Sehnsucht nach Deutschland wurden in den letzten Jahren immer stärker.« Stefans Blick wandte sich wieder dem Hier und Jetzt zu. »Nun habe ich ein neues Projekt in Deutschland gefunden, an dem ich arbeiten kann. Und das ist, glaube ich, auch mein letztes«, lachte er und schloss damit das Gespräch ab. »Lass uns mal in mein Auto schauen. Ich habe noch zwei Kleinigkeiten dabei, die dich vielleicht interessieren könnten.«

Wir gingen zum Auto, Stefan schloss den Kofferraum auf und holte aus einer roten Plastikbox ein in eine Decke eingewickeltes Objekt.

»Halt das mal eben, bitte«, meinte er und reichte mir den Gegenstand. »Du kannst die Vase auch auf dem Autodach auspacken. Aber Vorsicht: Glas«, sagte er schmunzelnd. »Ich such derweil noch was anderes. Das muss doch hier irgendwo sein ...« Er fluchte ein wenig leise vor sich hin, während er mit dem Oberkörper im Kofferraum verschwand und ich ihn nur noch dumpf murmeln hörte. Das Objekt wog schwer in meinen Händen. Es musste eine sehr massive Glasvase sein. Vielleicht Murano, dachte ich bei mir und wickelte sie auf dem Dach des Autos behutsam aus der Decke. Zum Vorschein kam eine transluzide, grünlich-blaue, an manchen Stellen hellbeige, durchscheinende, amorphe Vase mit einer gekräuselten Lippe und dicker Wandung, in welche kunstvoll Luftblasen und Goldstaub eingeschmolzen waren. Sie ballten sich hier und da zu Vierecken auf und verliehen der unbestimmten Form einen seltsamen geometrischen Hauch. An ihrer Mitte war sie viermal eingedellt und in den Dellen waren dicke Fladen geschmolzenen Glases angebracht, welche nach oben hin bis zur Lippe in jeweils einem dünnen Glasfaden endeten. Ich war absolut fasziniert und hielt sie gegen das Sonnenlicht. Es verspielte sich in den unzähligen Facetten des aufwendigen Glases und blitze und funkelte in zahlreichen Farbenspielen. Das eingearbeitete Gold glänzte mit dem Licht um die Wette und durchdrang die Vase mit seinem goldenen Schimmer. Es entstand der Eindruck, man blicke auf die dreidimensional gewölbte Oberfläche eines funkelnden Sees, dessen dunkler Grund vom Blitzen des Sonnenlichts auf seinen kräuseligen Wellen durchzogen wird. Ich hielt die Vase noch ein Stück höher, um mir ihre Unterseite anzusehen. Der Abriss war deutlich zu erkennen. Es bestand kein Zweifel. Es war Murano-Glas. Wo sonst hätte man solch eine mundgeblasene Virtuosität künstlerischen Glases in dieser Perfektion erschaffen können? Murano war und ist nach wie vor die Glasbläsermetropole schlechthin. Die besten Firmen dieser Zunft sind hier ansässig, und der Stadtname ist international zum Qualitätsmerkmal geworden.

»Die müsste so aus den Siebzigerjahren stammen. Liege ich da richtig?«, fragte ich Stefan, den ich nun kaum noch sah, da er komplett in den Kofferraum des Mercedes gekrochen war. Dumpfes Gemurmel und das Rappeln von Kartons und Kisten waren zu vernehmen.

»Hach, Mensch ... wo habe ich das denn nur ... ich find es nicht. Na ja, vielleicht später.« Zappelnde Beine traten aus dem Kofferraum zu Tage, gefolgt von Händen, einem Oberkörper und zu guter Letzt auch Stefans freundlichem, wenn auch ein wenig genervt dreinblickendem Gesicht.

»Da liegst du völlig richtig. Ist ein Erbstück meiner Familie, aber bei mir passt es nicht so richtig in die Einrichtung. Mein neues Haus ist ein Fachwerkhaus und da passen solche Designobjekte nicht recht hin«, schnaufte er, als er wieder neben mir stand.

»Ich find sie ganz stark. Daran habe ich Interesse. Signiert ist sie aber leider nicht. Das wäre jetzt noch das i-Tüpfelchen«, meinte ich fachmännisch. »In der Größe ist sie aber dennoch super zu verkaufen. Was willst du dafür haben?«

Stefan räusperte sich. »Ich hatte an 800 Euro gedacht, da sie unbeschädigt ist.«

»Klingt machbar«, stimmte ich zu, räumte jedoch ein, dass ich vorher noch eine kurze Internetrecherche anstellen wollte. Stefan meinte freundlich, ich solle mir keinen Stress machen.

»Wenn sie dir gefällt, nimm sie erstmal mit. In Afrika können wir dann auch noch schauen, was da zusammenkommt und sie ins Konvolut einrechnen. Preislich werden wir uns sicher einigen können. Abgemacht?«

»Abgemacht!«, meinte ich zustimmend, und wir reichten uns die Hand. Der Tag war bereits weit fortgeschritten, ohne dass wir es bemerkt hatten. Ich mochte Stefan jetzt schon sehr gern, und seine unkomplizierte Art, die Dinge anzugehen, gefiel mir. Er schien mir ebenfalls zu vertrauen, und ich hatte keine Bedenken, ihn in Afrika zu besuchen.

»So, jetzt muss ich aber los. Ich finde zwar die andere Vase im Chaos meines Autos nicht, aber es ist ja noch nicht aller Tage Abend.« Stefan stieg in sein Auto und winkte zum Abschied, und ich blieb zurück mit einer bildschönen Murano-Vase im Arm und dem kribbelnden Gefühl eines anstehenden Abenteuers im Bauch.

KAPITEL 13

Expressiver
Komplementärkontrast

Unter den Tragflächen des kleinen Flugzeugs der South African Airways breitete sich eine karg bewachsene, braun-beige Savannenlandschaft aus. Von oben, aus dem kleinen, ovalen Bullauge betrachtet, wirkte das Land staubig und verlassen, doch genau das war es, was in mir höchste Euphorie auslöste. Über Städten wie London oder Johannesburg, die wir im Landeanflug einmal umkreist hatten, verspürte ich gemischte Gefühle. Im Grunde bin ich kein Großstadtmensch. Dafür liebe ich die Natur viel zu sehr. Dass ich seit nunmehr vier Jahren in Leipzig wohne, grenzt im Grunde an ein Wunder. Am Rande einer Großstadt zu wohnen, in einer dörflichen Region, wäre ein machbarer Kompromiss für mich. Oder so wie hier, in einer nahezu unbesiedelten Region Afrikas. Leider sind die Arbeitsmöglichkeiten für Antiquitätenhändler in diesen Gegenden äußerst begrenzt, sodass ich einen Umzug an einen solchen Ort vorläufig nicht als Option in Betracht würde ziehen können.

Die Maschine mit etwa vierzig Menschen an Bord landete sanft auf dem einzigen Rollfeld des Flughafens in Phalaborwa. Ich blickte auf den Platz links neben mir und konnte die sichtliche Erleichterung der endgültigen Ankunft auch im Gesicht meiner Freundin ablesen. Nach rund vierzehn Stunden Flugzeit und Flughafenaufenthalten, Kontrollen und Check-ins in Hannover, London, Johannesburg und nun anstehend noch in Phalaborwa waren wir beide todmüde, aber überglücklich, endlich am Ziel unserer Reise angekommen zu sein. Die Türen wurden geöffnet, und ein schwülwarmer Luftzug durchstreifte das Innere des Fliegers, gepaart mit dem laut vernehmbaren Zirpen von Zikaden. »Endlich«, flüsterte ich erleichtert und streckte meine Glieder so gut es ging im Fußraum aus.

Die Sonne stand noch hoch am Himmel und blendete mich, als ich durch die schiebbare Metalltür auf die Stahltreppe hinunter auf den geteerten Flugplatz trat. Meine Augen brauchten etwas Zeit, um sich vom künstlichen Licht der Flughäfen und Maschinen an die natürliche Sonne des wolkenlosen Himmels Südafrikas zu gewöhnen. Mit zusammengekniffenen Augen blickte ich umher. Es war Mitte Oktober und somit Frühling in Afrika, doch das Land machte einen sehr verdorrten und verbrannten Eindruck. Ich hatte gelesen, dass in diesem Monat normalerweise die Regenzeit beginnt, doch wir mussten noch vor ihrem Beginn eingetroffen sein. Loses Buschwerk und abgeknickte Bäume besiedelten das flache Land. Hier und da erhoben sich kleine Windhosen aus aufgewirbeltem Staub und trockenen Blättern, um einen kurzen Moment wie Schemen knapp über dem Boden zu tänzeln und schließlich in transparenten Nebelschwaden zu entfleuchen.

Sams Hand streifte die meine, und sie rief aufgeregt: »Ist das nicht schön? Da fühlt man sich ja direkt angekommen!« Da ich nicht glaubte, dass sie das verdorrte Land ringsum uns meinte, drehte ich mich zu ihr um und folgte ihrem Blick. Ein paar Schritte hinter dem Flieger erblickte ich ein hufeisenförmig gebogenes, strohgedecktes, aus Lehm und knorrigen Baumstämmen kunstvoll errichtetes Gebäude, dessen halbrunde Öffnung zu uns gewandt war. Sie war geschmückt von einer kleinen Teichanlage, die von großen Felsblöcken und Palmwedeln umgeben war und in der sich lebensgroße, bronzene Figuren heimischer Tierarten engagierten. Paviane wärmten sich scheinbar auf den Felsen in der Sonne. Eine Giraffe trank mit zu Boden gesenktem Kopf aus dem mittig gelegenen Teich. Darüber saß ein Weißrückengeier in der Krone eines knöchernen Baumes, und sogar eine Löwin setzte von einem der großen Felsen mit weit aufgerissenem Maul und ausgefahrenen Klauen zum tödlichen Sprung nach einem Pavian an.

»Unglaublich«, sagte ich staunend und lachend. »Das ist mal ein Flughafen, wie er mir gefällt.«

Wir hatten beide die Nase voll von Gepäck- und Ausweiskontrollen in Megaflughäfen wie London Heathrow und dem OR Tambo International Airport in Johannesburg. Das ist der unangenehme Teil des Reisens. Das Stressige, das einem erst die Laune verdirbt, bis man sich vollends darüber ausgelassen hat und in Apathie verfällt, um dann aus einem kleinen Flieger zu purzeln und am Reiseziel wieder frischen Wind zu atmen, der nach unentdeckten Welten, Abenteuer und vor allem zunächst einmal nach einem gemütlichen, frisch bezogenen Bett duftet. Dieser kleine friedliche Flughafen ließ uns alle Strapazen des Fluges vergessen und entschädigte uns für alles. Einfach nur damit, das er war, wie er war.

»Huhu, Fabian!«, rief eine mir bekannte Stimme, und ich konnte eine aufgeregte Person am Ende des gebogenen Ganges des Flughafens durch eine große fensterlose Öffnung zu uns rüber winken sehen. Ein Mann mit grauem, kurz gestutztem Bart, einem weiß-orange gestreiften Fischerhut, kurzer khakifarbener Hose und einem blauen Shirt hielt die Arme in die Luft, und ich hatte das Gefühl, als würde ihm jeden Moment seine dick umrandete schwarze Brille vom Kopf rutschen.

»Stefan, hallo!«, rief ich, erleichtert und glücklich darüber, dass er wirklich gekommen war, um uns abzuholen, und winkte zurück. Nun hatten wir Gewissheit, dass die ganze Geschichte nicht nur ein dummer Scherz war. Stefan nahm uns am Gate – es gab nur eins – freundlich in Empfang.

»Hattet ihr eine gute Reise? Ihr seid ja pünktlich angekommen. Das ist nicht immer selbstverständlich. Hallo, ich bin Stefan«, sagte er und streckte Sam, die er bislang nur vom Hörensagen kannte, aber dennoch mit zu sich eingeladen hatte, die Hand entgegen. »Du musst Sam sein, richtig?«

»Stimmt. Hallo. Ich habe schon viel von dir gehört«, meinte sie lächelnd und schaute mehrmals in meine Richtung.

»Oh je«, prustete Stefan los. »Na, ich hoffe nur Gutes. Komm, ich nehme dein Gepäck. Mein Wagen steht gleich da vorn.«

Stefan führte uns zu einem großen schwarzen Geländewagen, der mit seinen Extras wie Flutlichtscheinwerfern, extra verstärkten und stoßsicheren Bullenfängern an Vorder- und Rückseite und stabilem Dachgepäckträger bestens für Safari- und Offroad-Touren ausgerüstet war.

»Der Wagen hat alles, was ein Abenteurerherz begehrt. Ich habe viel Geld und Zeit in den Wagen investiert, aber das ist auch nötig. Wenn man hier irgendwo liegen bleibt, muss man sich in erster Linie selbst zu helfen wissen. Schaut mal hier. Ein ausfahrbares Dach, komplette Campingausrüstung mit Maggiolina-Dachzelt, Klimaanlage, Rückfahrkamera, sogar einen Tresor habe ich, doppeltes Reserverad, Großraumschubladen zum Verstauen, Wagenheber, Schaufel, Seilwinde und so weiter. Ich habe damals so viele Extras wie nur möglich haben wollen. Für alle Fälle. Sogar spezielle Ölfilter gegen den Staub, und den Unterboden habe ich mit einer zwei Zentimeter dicken Aluplatte verstärkt, damit man ungehindert und gefahrlos über Büsche, kleine Bäume und wenn nötig sogar Felsen fahren kann. Extra Schnorchel und ein zusätzliches Auspuffsystem, um durch tiefe Gewässer zu fahren. Und diese Seile hier links und rechts der Windschutzscheibe«, er zeigte auf zwei lange Stahlseile, die fest gespannt vom Dach bis zum vorderseitigen Bullenfänger reichten, »die habe ich machen lassen, nachdem mir ein großer Ast einmal die Windschutzscheibe durchschlagen hat. Die halten die Äste möglichst weit fern vom Glas. Kurzum: Dieser Landrover ist mein Baby, auf das ich mich hier hundertprozentig verlassen kann.« Er war sichtlich stolz auf das Gefährt und klopfte liebevoll auf die Motorhaube.

»So, dann steigt mal ein, wir müssen noch ein paar Besorgungen machen. Da, wo ich wohne, kommt man nicht so leicht wieder weg. Will man aber auch gar nicht«, sagte Stefan mit einem Augenzwinkern.

Nachdem wir alles Nötige für die ersten Tage im »Busch« besorgt hatten, darunter eine Handykarte zum Aufladen und Telefonieren, allerhand Obst und Gemüse, Süßigkeiten, glitzernde Zuckerkristalle und aus Zucker geformte südafrikanische Insekten zum Dekorieren von Torten und Muffins – Sam meinte, sie müsse es direkt am ersten Tag kaufen, da es so was nicht in Deutschland gäbe – und ein afrikanisches Grundnahrungsmittel, eine Maismehlspeise namens Mieliepap, die es in großen Kilosäcken zu kaufen gibt und welche die Grundlage für fast jedes Mahl der inländischen Küche bildet, verstauten wir alles sorgsam auf der Rückbank und fuhren eine knappe halbe Stunde auf einer geteerten Straße stadtauswärts.

Ich stellte trotz meiner Müdigkeit alle Fragen, die ich mir schon vor der Ankunft in Afrika überlegt hatte oder die mir direkt während der Autofahrt in den Sinn kamen, und Stefan beantwortete jede mit einer Geschichte aus seinem Leben. Er ist generell ein großer Geschichtenerzähler, gerade in Momenten, in denen er in die Historie abtauchen kann. Da hat er mit meinem Vater etwas gemeinsam, nämlich das Verständnis für größere Zusammenhänge, im Falle meines Vaters der unterschiedlichen Adelsgeschlechter Europas und deren Wirkungsweise mit- und gegeneinander im Laufe der Geschichtsschreibung. Wer wann, was, mit wem und warum gemacht hat und was das für Auswirkungen auf das Zeitgeschehen hatte. Ich nenne es liebevoll und leicht hämisch den »History-Promi-Talk« und höre meistens nur mit einem Ohr hin. Mag sein, dass es als Antiquitätenhändler frevelhaft ist, sich für diese Zusammenhänge nicht so recht begeistern zu können, aber ich konnte mich dafür noch nie erwärmen. Mein Vater mit seiner ausgiebigen Passion für das Sammeln von Münzen und die Welt der Numismatik, die in direkter Weise von den Beziehungen der adeligen Gesellschaft geprägt ist, hat immer wieder versucht, mir diese nahe zu bringen, doch ich empfand es stets als zu trocken und zu verstaubt und habe letztlich nicht viel davon behalten.

»Ach, übrigens, Stefan. Wir haben uns natürlich bestens an deine Ratschläge zur Gefahrenvermeidung in Johannesburg gehalten, die du mir per E-Mail geschickt hattest«, sagte ich lachend und drehte mich zu meiner Freundin um, die etwas gequetscht zwischen den Einkäufen auf dem Rücksitz Platz gefunden hatte. Sie lachte und rollte mit den Augen. »Ja, erzähl ihm das auch noch«, ermahnte sie mich witzelnd.

»Haha. Stefan, wir sind absolut unbelehrbar«, übernahm ich die Erzählung. »Wir hatten in Johannesburg fünf Stunden Aufenthalt und haben uns schnell gelangweilt. Wir traten also gerade aus der Tür des Flughafens, da kam ein älterer Herr auf uns zu und fragte, ob wir aus Deutschland kämen und was wir hier vorhätten. Wir erklärten ihm, dass wir nur auf unseren Anschlussflug warteten und die Zeit schlendernd auf dem Flughafen verbringen wollten. Da zog er einen kleinen Kettenanhänger aus seiner

Tasche und hielt ihn uns unter die Nase, während er erklärte, er sei Taxifahrer. Er bot uns eine Sightseeingtour durch Johannesburg an. Davon hatten wir gelesen und du hast uns ja vor solchen Angeboten gewarnt, da wohl immer wieder Menschen mit schlechten Absichten diesen Service anbieten und Touristen am Ende ausgeraubt am Straßenrand stehen lassen. Doch wir, blauäugig wie wir sind, nahmen das Angebot nach kurzem Überlegen an und folgen dem Unbekannten schnurstracks in die Tiefgarage.«

»Oh Gott. Was?«, rief Stefan entgeistert. »Was habe ich euch geschrieben? Tut das nicht, habe ich gesagt. Lasst euch auf nichts ein, waren meine Worte. Ja und weiter?«

Ich holte tief Luft und setzte neu an. »Nach einem schier unendlich langen Fußweg kamen wir an seinem Auto an. Stefan, ich weiß nicht, was uns geritten hat, aber wir stiegen doch tatsächlich in den abgeranzten, ollen Mercedes aus den Achtzigerjahren ein, der noch nicht einmal ein leuchtendes Schild mit der Aufschrift ›Taxi‹ besaß. Lediglich einen laminierten Zettel an einem Band zum Umhängen konnte uns der Fahrer präsentieren, auf dem in großen Lettern ›Official Taxi Driver OR Tambo International Airport‹ zu lesen stand. Stolz hielt er ihn sich lächelnd vor die Brust und seine gelben, bereits lückenhaft gewordenen Zähne blitzten uns erwartungsfroh entgegen. In seiner Art war er absolut freundlich, höflich und zuvorkommend. Wir unterhielten uns lange darüber, dass das in Deutschland kein Taxiauto wäre und dass wir ihm dahingehend blindes Vertrauen schenkten. Auch über die Konsequenzen, falls er uns verarschen würde, klärten wir ihn eindringlich auf. Er tat mir fast schon leid, wie er da stand und grundlos angefeindet wurde. Nach längerem Hin und Her befanden wir, dass dieser Mann nichts Böses im Schilde führen würde, und er versicherte uns, dass diese Annahme stimme und wir bedenkenlos einsteigen könnten. Gesagt, getan. Eingestiegen. Losgefahren.«

Stefan sah mich fassungslos von der Seite an.

Johannesburg ist eine Stadt, die sehr anschaulich zeigt, wie die Schere zwischen armer und reicher, »schwarzer« und »weißer« Bevölkerung noch immer weit auseinandergeht. Es gibt phänomenale Hotelkomplexe und Bürogebäude, gezeichnet durch futuristisches Design und Wolkenkratzerhöhe. Ganze Stadtteile und Siedlungen sind durch mehrere Meter hohe Betonmauern abgeriegelt, auf deren Häuptern balancierend wie die Dornenkrone Jesu Christi, aufgerollter Stacheldraht und Elektrozäune gespannt sind. Direkt nebenan, ja manchmal direkt nahtlos an eine solche Mauer anschließend, erstrecken sich flächendeckend baufällige, rostend rote Wellblechhütten, zwischen deren schmalen Gängen Wäsche gespannt hängt und vor deren Toren sich Menschenmassen wie auf einem Basar zusammenballen. Der Taxifahrer schien uns genau diese Orte zeigen zu wollen. Er erklärte uns, dass die Touristen solche Szenarien gar nicht zu sehen bekämen, da die lokale Politik die Missstände zu verschleiern versuche und den Anschein einer aufstrebenden, blühenden Stadt wahren wolle, um mögliche Großinvestoren anzulocken.

»Die Apartheid ist immer noch spürbar. Und das mehr, als man denkt«, erklärte uns der Taxifahrer eindringlich. Er war stolz auf Nelson Mandela, so wie jeder in Afrika. Der Mann wird hier wie eine Gottheit verehrt. Er vollbrachte Großes und trat für die lokale Bevölkerung und deren Rechte ein. Er bekämpfte die damals vorherrschende Apartheid und stellte ihr ein demokratisches und gleichheitsorientiertes Staatswesen gegenüber. 1994, vier Jahre nach seinem 27-jährigen Gefängnisaufenthalt als politischer Häftling, wurde er zum Präsidenten von Südafrika gewählt, ein Amt, dass er bis 1999 innehatte.

»Leider hat sich wieder einiges in die negative Richtung geändert. Die Weißen ›herrschen‹ immer noch über uns. Sie haben in Südafrika einfach mehr Einfluss und mehr Geld. Und Geld regiert die Welt«, schloss er, um uns dann darauf hinzuweisen, dass er uns noch etwas ganz Besonderes zeigen könne. Zügig wechselte er die Spur, um auf eine große Umgehungsstraße zu fahren. Die Fahrt ging an Johannesburg vorbei in Richtung der umliegenden Berge, die die Stadt wie messerscharfe Reißzähne im Maul eines Löwen umringen. Es war ein etwas seltsames Gefühl, in einem fremden Auto zu sitzen, eine Sightseeingtour »gebucht« zu haben und sich eindeutig von der zu besichtigenden Stadt wegzubewegen.

»Sind wir hier auch richtig?«, fragte ich unseren Fahrer, der beruhigend und zustimmend nickte.

»Keine Sorge. Das wird euch gefallen.«

Nach zehn Minuten auf der Autobahn und ein paar holprigen Straßen landeinwärts kam das Taxi vor einem sehr modernen rotbraunen Klinkerbacksteinbau zum Stehen.

»Das Apartheid Museum«, sagte der Taxifahrer pathetisch. Wir beschlossen, uns das Museum anzuschauen, und baten den Fahrer, so lange zu warten. Der Besuch dauerte etwa eine halbe Stunde, versicherte er uns.

Stefan unterbrach meine Erzählung und meinte, er sei auch schon dort gewesen. »Wie hat es euch gefallen?« Wir erklärten ihm, dass wir vor dem Museumsbesuch kaum etwas über diese Thematik in Erfahrung gebracht hatten und es somit für uns sehr lehrreich und spannend war.

»Die Bilder der Minenarbeiter in den Diamantenminen waren brutal. Die Bedingungen waren damals katastrophal. Man behandelte die Arbeiter wie Vieh und beutete sie aus«, sagte ich nachdenklich.

»Ja, das war ganz schlimm«, stimmte Stefan nickend zu. »Und das alles ist noch nicht einmal lange her.« Wir schwiegen. Dann brach Stefan die Stille. »Aber wie ich sehe, hat euch der

Mann wieder heil am Flughafen abgesetzt«, lachte er mit einer leichten Mahnung in der Stimme. »Ich frage mich, wofür ich mir überhaupt die Mühe gemacht habe, euch Tipps und Ratschläge zu geben, wenn so etwas dabei herauskommt.«

»Also ich bereue es nicht. Wir haben Afrika so gleich einmal richtig kennenlernen können und nicht nur durch die rosarote Touristenbrille«, rief Sam nachdrücklich von der Rückbank und erntete unsere Zustimmung.

Die Landschaft, an der wir vorbeifuhren, glich zu dieser Jahreszeit einer steinigen, mit dornigen Büschen und verknöcherten Bäumen bewachsenen Halbwüste, in der sich hier und da stämmige Felsblöcke und Geröll zu übergroßen Hügeln und kleinen Bergmassiven auftürmten. Am Rand der spärlich befahrenen Straße fanden sich unzählige, einer fragilen und bizarren Formensprache unterlegene, bis zu drei Meter hohe Erdhaufen, deren Farbigkeit von einem tiefen Rotbraun bis hin zu Kalkweiß reichte. Es waren die Spitzen der Behausungen von staatenbildenden Termiten. Ihr Anblick versüßte mir den Tag und bestätigte unsere Ankunft in Afrika ein weiteres Mal. Wir waren wirklich hier. Alles wirkte so surreal. Bis zum Antritt dieser Reise habe ich von der Welt nur den europäischen Teil gesehen. Der Sprung auf einen völlig neuen Kontinent brachte etwas Magisches und Fremdes mit sich. Ich war froh, dass wir Stefan kennengelernt hatten, denn es ist gut, einen Menschen an seiner Seite zu haben, der sich auskennt und die anfänglichen Fragen beantworten kann.

Stefan bog auf gerader Strecke unverhofft nach links auf einen breiten Feldweg ab, der an einem halbhohen, schiebbaren Tor endete. Rechts vom Tor prangte ein Schild mit der Aufschrift »Balule North Nature Reserve«. Ein hochgewachsener Mann mit stechend blauen Augen und einem Barrett auf dem Kopf trat zu uns heran. »Ah, Stefan, wieder zurück?«, sagte er freundlich lächelnd.

»Ja, und ich habe Besuch mitgebracht. Freunde aus Deutschland.«

»Hallo«, grüßten wir den netten Herrn, der uns kurz musterte und dann das Schiebetor mit lautem Quietschen aufschob, um uns passieren zu lassen.

»Die Naturreservate hier sind alle mit Toren und Zäunen geschützt«, erklärte uns Stefan, als er den Wagen durch das Tor steuerte. »Wir haben hier in den letzten Jahren so viel mit Wilderei zu kämpfen gehabt, dass die Kontrollen strenger und die Überwachung härter geworden sind. Auch heute ist der illegale Abschuss von Elefanten, Nashörnern und anderen Wildtierarten noch lange nicht vom Tisch. Nach wie vor werden sie gejagt und geschossen. Dieses Jahr sollen es schon fast 600 Nashörner gewesen sein – allein im Kruger-Nationalpark.« Sein Blick wurde zutiefst besorgt. »Die Ranger hier tun, was sie können, doch in so riesigen Gebieten können sie ihre Augen nicht überall haben. Wenn man heute 1500 neue Ranger anlernen und zusätzlich zu den bereits im Nationalpark Tätigen einsetzen würde, so müsste jeder einzelne ein Gebiet von 10.000 Hektar überwachen. Das ist unmöglich. Zumal an wichtigen Stellen die finanziellen Mittel für gescheite Waffen und Ausrüstung fehlen.«

Ich hörte gebannt zu. In Deutschland liest man davon oder hört es in den Nachrichten, und ehe man sichs versieht, ist man hier mittendrin.

»Ich habe gelesen, dass die Chinesen den Markt für Horn vom Rhinozeros hochhalten und dass ein Kilo bis zu 60.000 Euro wert sein kann. Das ist doch krank! Das Material ist genau dasselbe wie das von Fingernägeln. Nur weil ihm in der Medizin aphrodisierende und potenzsteigernde Kräfte nachgesagt werden, müssen die Tiere dran glauben«, entrüstete ich mich.

Der Wagen holperte durch einen kleinen vertrockneten Flusslauf, dessen Uferhang so steil war, dass ich beim

Hinabfahren das Gefühl hatte, das Auto würde jeden Moment eine Drehung machen und auf dem Dach landen. Die Straßen und Wege in dieser Region sind nichts für bewegungsempfindliche Gemüter, und ohne Geländewagen kommt man gerade bei Regenwetter keinen Meter vorwärts.

Vor unserem Auto huschten während der Fahrt immer wieder kleinere und größere Huftiere wie Kudus, Impalas, kleine Böcke oder auch ein mit seinem weitschwingenden, dichten Fell, das mit weißen Streifen und Punkten an die Felsmalereien der San erinnerte, wunderschön gezeichneter Nyala-Antilopenbock aufgeschreckt aus dem Gebüsch über die Straße oder standen kauend am Rand und beäugten uns.

»Stopp!«, rief ich plötzlich aufgeregt und zückte sofort meine Kamera. »Da vorn. Ein Elefant.«

Alle Insassen des Autos gerieten in helle Aufregung. Sam, die bisher alles aus den Seitenfenstern heraus beobachtet hatte, beugte sich zu mir vor und streckte ihren Kopf durch die beiden vorderen Sitze, um so einen Blick auf das Tier zu erhaschen. Wir fuhren gerade aus der Talsenke des Flussbettes heraus, und der Wagen schnaubte sich einen steilen Hügel hinauf. Ich hatte den Elefanten wieder aus den Augen verloren.

»Er hat den Kopf kurz gehoben, als ich ihn entdeckte«, meinte ich und suchte angestrengt nach einem Indiz für den Dickhäuter.

Meter für Meter schob sich der Landrover den Hügel hinauf, und Stück für Stück zelebrierte sich vor unseren Augen die unglaubliche Panoramaansicht der uns umgebenden Region. Stefan stoppte das Fahrzeug. Eine weite baumbewachsene und grünende Flussebene erstreckte sich mäandernd unterhalb unseres Aussichtspunktes. Wir standen mit dem Auto zwischen zwei Bäumen direkt an einer kleinen, zehn Meter steil abfallenden Klippe. Der Olifants River führte wenig Wasser, und so traten große Felsblöcke und kleine stromlinienförmige Inseln zu Tage, auf denen sich Wasservögel tummelten. In den Wasserlachen spiegelte sich der stahlblaue Himmel und trat so in ausdrucksstarken, fast schon expressiven Komplementärkontrast mit der umliegenden rot-violetten Erde.

Wir stiegen nach einem kurzen Check der Lage aus dem Auto. Der Elefant war nicht in Sichtweite. Nur drei stämmige Wasserbüffel reckten die Köpfe nach uns, und ihre behörnten Häupter nickten aufgeregt auf ihren wuchtigen Hälsen. Dieser Moment, wenn man das erste Mal aus einem Fahrzeug steigt mit dem Wissen, dass hier Löwen, Hyänen, Elefanten und andere Wildtiere frei umherlaufen, ist unbeschreiblich. Mich überkam eine enorme Ehrfurcht vor der Natur, denn hier, in einem Moment der Unachtsamkeit, kann es für einen Menschen noch gefährlich werden. Hier ist die Natur nicht an die Fessel gelegt wie in Europa. Davon zeugte auch das dunkelgrüne Metallkreuz auf der Anhöhe. Vor knapp einem Jahr war hier ein junger Mann, der Sohn eines Freundes von Stefan, betrunken in den Fluss gestiegen und von einem Krokodil in die Tiefe hinabgezogen worden.

»Das ist der Preis für ein Leben in wilder Natur, aber wenn man umsichtig ist, passiert einem in der Regel nichts«, erklärte Stefan uns, während wir unsere Blicke ehrfurchtsvoll über die Landschaft schweifen ließen. Ich glaube, die Menschen in Afrika sind sich, auch wenn das Leben schon weitestgehend europäisiert wurde, der Natur viel bewusster als wir in Deutschland. Wir kommen kaum noch mit ihr in Berührung und wenn, dann nur bei einem kurzen nachmittäglichen Waldspaziergang, bis um achtzehn Uhr das Abendessen auf uns wartet. Das birgt natürlich viel weniger Risiko und Gefahren, treibt uns jedoch immer weiter abseits von Mutter Natur. Wir sind nicht mehr für sie sensibilisiert. In einer Kulturlandschaft nutzt die Natur nichts, und sie wird eher als lästiges Insekt auf der Schulter der Agrarkultur angesehen und nicht als die treibende Kraft, die alles zusammenhält, wahrgenommen.

»Da!«, rief Stefan und wies mit dem Finger auf eine Stelle des gegenüberliegenden Flussufers. »Das habe ich hier schon lange nicht mehr gesehen.« Sam hatte unsere Kamera an einem Band um dem Hals und versuchte, das Objekt der Begierde ausfindig zu machen. »Klack, klack, klack«, tönte der Auslöser, und sie präsentierte mir stolz ihren Fang. Ein Flusspferd graste genüsslich am saftig bewachsenen Hang und zeigte dabei seine mächtigen Hauer.

»Großartig!«, rief ich freudig aus und sah es nun auch als größeren Punkt in der Landschaft träge umher stapfen.

»Ich würde sagen, wir fahren weiter. Zeit für Safari habt ihr noch genug. Ihr seid doch sicher auch ziemlich müde vom Flug«, sagte Stefan, der bereits wieder in seinem Wagen auf uns wartete. Im Grunde hatte er recht, was die Müdigkeit anging. Aber bei allem, was hier so passierte, blieb dafür keine Zeit. Ich zumindest war hellwach.

Auf unserer Weiterfahrt mussten wir noch einmal einen kleinen Stopp einlegen, da der Elefant, den ich schon einmal kurz gesehen und leider nicht vor meine Linse bekommen hatte, nun mitten auf der Fahrspur stand und sich kein Stück bewegen wollte.

»Hier passt man seine Zeit an die Tiere an«, erklärte Stefan gelassen. »Ich plane immer zehn Minuten länger ein, wenn ich mich mit Leuten in der Stadt treffe, da man nie wissen kann, ob nicht gerade ein Elefant oder ein Nashorn auf der Straße ein kleines Nickerchen macht. Kommt öfter vor, als man denkt«, lachte er. Unglaublich, dachte ich bei mir. Was für ein verrücktes Land. Nach ein paar Minuten ließ uns der Dickhäuter etwas widerwillig und mit dem Rüssel drohend passieren und wir fuhren keine fünf Minuten später durch die Toreinfahrt auf Stefans Grundstück. Das Tor wurde gerade neu gebaut und verputzt. Fünf Arbeiter waren am Werk und setzten Steine und verputzten die Fassade. Das Grundstück war großzügig geschnitten und mit einem Elektrozaun gesichert.

»Die Elektrozäune sind absolut notwendig«, erklärte der Hausherr. »Sie sind so stark, dass sie selbst die Elefanten davon abhalten, meinen Garten zu verwüsten.«

Während das Umland sehr trocken und verdorrt erschien, gedieh die Pflanzenwelt auf Stefans Boden prächtig. Er hatte hier eine ganzjährig grüne Oase geschaffen.

»Woher beziehst du das Wasser?«, fragte ich ungläubig bei diesem Anblick.

»Durch dieses Land fließt ein kleiner unterirdischer Fluss, den ich von hier oben angebohrt habe und der immer Wasser trägt. Das ist ein sehr großer Vorteil meines Grundstücks gegenüber anderen hier in der Region. War aber auch ein großes Stück Arbeit, den Fluss zu finden und ihn auch zu erreichen.«

Der Weg war nun im mediterranen Stil gepflastert, und als wir um eine schmale Kurve bogen, sahen wir Stefans Haus, das direkt unterhalb eines kleinen Steinbruchs stand. Von oben konnte man auf die schwarz gedeckte Dachlandschaft blicken, aus welcher wie in einer Tempelanlage links und rechts vom Eingangsbereich zwei graue, sich konisch nach oben verjüngende steinerne Stehlen aufragten. Der Bungalow hatte ein spitz zulaufendes Dach und weit nach vorn gestreckte Ausläufer, die wie ein Laubengang um das ganze Gebäude verliefen und das Innere des Hauses in Schatten hüllten. Das war praktisch, denn die übergroßen, kunstvoll verstrebten Glasfronten hätten sonst die heißen Sonnenstrahlen ungehindert ins Haus dringen lassen und es auf diese Weise stark aufgeheizt. Das Mauerwerk wechselte seine Beschaffenheit mal von verputztem Grau zu steinsichtigem, naturbelassenem Rotbraun. Dasselbe Gestein, das auch das Pflaster der Wege und die Toreinfahrt zeichnete und das wahrscheinlich aus dem kleinen Steinbruch stammte, unterhalb dessen wir geparkt hatten.

»Das ist Rose, meine liebe Hausdame. Sie hält hier alles in Schuss und hilft mir im Haushalt«, stellte Stefan uns die kleine, bunt gekleidete Dame vor, die aus dem Haus kam und zu uns nach oben lief, um uns mit dem Gepäck und den Lebensmitteln zu helfen.

»Willkommen«, lachte sie und begrüßte uns herzlich. »Schön, dass ihr hier seid. Geht rein und ruht euch aus.« Und noch ehe wir uns versahen, verschwand sie mitsamt unseren Koffern wieder im Haus. Wir packten die Beutel und Einkaufstaschen an und taten es ihr nach. Im Haus war es angenehm kühl und schattig. Stefan wollte uns unser Zimmer zeigen, doch ich konnte mich gar nicht sattsehen bei so vielen Eindrücken, die mich hier umgaben.

Die Wände des gesamten Hauses waren in heller, polierter Marmoroptik gestaltet. Die Decken waren hohen Formates, und die Außenwände bestanden fast vollständig aus Glas. Alles machte einen sehr modernen Eindruck. Überall fanden sich Kunstgegenstände, und ich konnte erkennen, dass Stefan nicht nur ein Afrika-Liebhaber, sondern auch ein Kunst- und Designsammler war, der viel Wert darauflegte, dass alles hübsch zusammenpasste und kunstvoll arrangiert war. Bernsteinschatullen in allen Formen, Größen und Farben zierten die hochglanzpolierten modernen Edelholzmöbel, und afrikanische Kunst fand sich in Form von Skulpturen auf den Schränken und als zierende Masken an den Wänden.

Eine weiße Gipsskulptur eines englischen Künstlers stand, geschützt und umrahmt von einem großen, viereckigen Glaskasten, auf einer Anrichte hinter dem Sofa und fiel mir direkt ins

Auge. Sie stammte vom Bildhauer Dylan Lewis, dessen Werke, meistens in Bronze, auf dem Kunstmarkt zum Teil Höchstpreise erzielen. Stefan erklärte mir, dass es sich um eine Studie handele, die der Künstler normalerweise zerstöre, nachdem sie in Bronze gegossen wurde. Er kannte ihn persönlich, die beiden waren befreundet. Er war glücklicherweise genau in dem Moment in Lewis' Werkstatt gewesen, als diese Figur in den Müll wandern sollte, und hatte darum gebeten, sie behalten zu dürfen.

»Seitdem steht sie hier. Den Glaskasten habe ich selbst entworfen und gebaut.«

Sie war fantastisch ausgearbeitet und zeigte einen Ausschnitt einer Büffelherde mit drei Tieren. Lewis hat ein Auge für Komposition und spannende Momente. Seine Figuren neigen dazu, sich an manchen Stellen impressiv aufzulösen und mit grobem Finger modelliert zu sein, doch an anderer Stelle weisen sie eine versessene Detailgenauigkeit auf. Hinzu kommt die vortreffliche Bewegungsdynamik seiner Werke, die sich hier, in der Skulptur aufgeregt durcheinander rennender Wasserbüffel, extravagant zeigte.

Ich drehte mich um und blickte aus dem Wohnzimmer direkt ins angrenzende Esszimmer. Erst jetzt fielen mir die Knochen und Überreste afrikanischer Tierarten auf, die Stefan zur Dekoration genommen hatte. Ich traute meinen Augen kaum. Ich hatte ein ebensolches Faible für eine etwas morbide Innenraumgestaltung und habe über die Jahre eine kleine Sammlung von Knochen, Gipsabdrücken, versteinerten Tieren, Insekten und Spinnenkästen und ein paar alte Nasspräparate von Haien, Fischen und Krebsen zusammengetragen, die sich als Deko in unserer Wohnung befinden. Ich achte stets darauf, dass es sich um wirklich alte, also vor 1950 produzierte Präparate und Schaukästen handelt, denn dann sind die Tiere nicht zur Dekoration gestorben, sondern dienten damals als wissenschaftliches

Anschauungsmaterial in staatlichen Einrichtungen und Schulen. Heute bedarf es solcher Methoden nicht mehr, doch die Präparate entsprechen meinem persönlichen Sinn für Ästhetik, und so finden sie bei mir neue Verwendung.

In Stefans Wohnung wimmelte es nur so von Skeletten, Zähnen und Kuriositäten. Auf dem Boden neben der Couch standen die überdimensionalen Schädel eines Elefanten und eines Flusspferdes. Der Elefant besaß zwar keine Elfenbeinzähne mehr, reichte mir jedoch in seiner Höhe bis über die Hüfte und war ein wahrhaftes Prachtexemplar. Auf dem Couchtisch lagen ein Löwenschädel und der Oberkiefer eines Warzenschweins. Vor einem großen Palisanderholzparavent hing auf metallenen Halterungen ein enormer Krokodilschädel mit komplett erhaltener Zahnreihe.

»Der ist phänomenal. Einer der größten, die man hier gefunden hat. Dass alle Zähne noch vorhanden sind, grenzt bei einem Tier dieses Alters an ein Wunder«, sagte Stefan stolz und fachmännisch.

»Kommt, ich zeig euch mal euer Zimmer für die nächsten Tage.« Er führte uns durch das Wohnzimmer in ein kleines Nebenzimmer, in dem ein lebensgroßer Abguss eines Nashorns hing, an dem mir zum ersten Mal vor Augen kam, wie riesig diese Tiere eigentlich sind, und schob eine doppelflügelige Tür zu einer Art Wintergarten auf. Drei Seiten des Raumes waren verglast und boten einen phänomenalen Blick in den umliegenden Garten und die Landschaft. Ein von Stefan selbst designter Deckenleuchter aus Bauresten des Hauses, spiralförmig gewundenen Antilopenhörnern und Straußeneiern beleuchtete sanft den in rotes Abendlicht getauchten Raum. Die Sonne ging direkt vor unserem Fenster unter und tünchte die Landschaft in ein prächtiges Farbenspiel.

»Wow, du hast ja sogar einen Pool gebaut«, stieß ich begeistert hervor und drückte meine Nase an der Scheibe platt. Stefan hatte eine Außenterrasse aufgeschüttet und darauf ein kleines Outdoor-Küchenhäuschen mit Steinbackofen und Feuerstelle errichtet. Daneben stand eine strohgedeckte Aussichtsplattform mit einer steinernen Outdoor-Dusche, und mittig dieser beiden Gebäude glitzerte golden und ruhig die Oberfläche des Pools. Überall wuchsen Palmen empor, und Paviane und Vervet-Affen durchstreiften das Gelände. Ich atmete tief durch und fühlte mich rundum glücklich. Nun stieg auch die ersehnte Müdigkeit in mir hoch, und in unserer ersten Nacht unter dem afrikanischen Mond schlief ich vollends durch.

KAPITEL 14

Antike Bomben

Die nächsten Tage waren mehr als aufregend und abenteuerlich, und ich hatte schon fast den Grund unserer Reise, nämlich das Ansehen, Bewerten und den möglichen Kauf von Antiquitäten aus Stefans Haus, aus den Augen verloren. Schon der erste Morgen auf der Farm barg faszinierende Neuigkeiten. Nach dem Frühstück und einer kleinen Erkundungstour über den eingezäunten Teil des Grundstücks, der bis an ein künstlich angelegtes Wasserloch heranreichte, aus dem jeden Morgen Warzenschweine, Impalas und Giraffen tranken, die wir dabei aus unserem Zimmer oder von der Außenterrasse aus beobachten konnten, verließen wir den umzäunten Bereich zusammen mit einem Ranger, der sich uns als Luke vorstellte und Sicherheitschef des Reservates war. Er wohnte ab und an bei Stefan, wenn dieser in Deutschland war, und passte auf Haus und Grundstück auf.

Wir liefen in Richtung Fluss, und ich hatte mich ein wenig von der Gruppe entfernt, da ich die Angewohnheit habe, jeden Stein und jeden Ast umzudrehen, um nach Insekten Ausschau zu halten, da rief uns Luke plötzlich zusammen. Sam und ich rannten zu ihm, denn sein Rufen klang sehr eindringlich und fast schon warnend. Luke kniete sich nieder auf den staubigen Lehmboden und hielt seine Hand über ein aufgeschürftes Stück Erde.

199

»Seht ihr das? Er ist hier entlanggekommen. Vermutlich gesprintet. Das muss letzte Nacht gewesen sein. Die Spur ist noch sehr frisch. Er hat die Erde unter seinen Tatzen mit Wucht weggeschoben. Hier sieht man es deutlich. Ich gehe davon aus, dass er gejagt und vielleicht sogar Beute gemacht hat. Für den Fall, dass das so ist, sollten wir dicht zusammenbleiben und wachsam sein.«

Ich verstand erst kein Wort. Was war los? Luke nahm die Hand von der Stelle, auf die er gezeigt hatte, und ich traute meinen Augen kaum. Eine Löwenpranke hatte sich gut erkennbar tief in den erdigen Boden gegraben. Die ausgefahrenen Klauen hatten am vorderen Teil die Erde aufgekratzt und die Ballen hatten sie nach hinten geschleudert. Das meinte Luke mit seiner Annahme, dass er gesprintet sein musste. Die Richtung der Pfoten wies gen Fluss und sie kam aus Richtung Haus. Während wir selig geschlafen hatten, hatte hier, 300 Meter von unserem Schlafplatz entfernt, ein Kampf auf Leben und Tod getobt. Das war Afrika. Und das war genau die Art von Abenteuer, von der ich schon vor der Reise zu träumen gewagt hatte. Sam und ich sahen uns völlig begeistert an und klatschten uns mit einem lauten High-five ab, woraufhin wir einen ernsten, mahnenden Blick von Luke ernteten, der uns bedeutete, leiser zu sein. Bei genauerem Hinsehen fand Luke weitere Fährten und führte uns auf der Spur der Löwen zum Wasser. Wir hielten Ausschau nach einem Kadaver und natürlich nach den Löwen selbst. Sie hatten sich vielleicht zur Mittagsruhe unter einen Baum oder dichtes Gestrüpp gelegt und könnten jeden Moment auf der Bildfläche erscheinen. Uns in relativer Sicherheit wägend, doch noch immer wachsam, liefen Sam und ich hinunter an den ruhig dahinfließenden Olifant River. Ein Silberreiher pickte auf einer Sandbank nach Würmern. In der Ferne gut erkennbar, war die zeitgleiche Ankunft einer kleinen Elefantenherde am

Fluss. Drei ausgewachsene Elefanten und ein Kalb stillten ihren Durst, während die Mittagshitze auf der Haut brannte.

»Wenn die näherkommen, gehen wir«, meinte Luke. »Elefantenkühe mit ihren Jungen sind manchmal unleidlich. Denen kommt man besser nicht in die Quere. Wenn man ihnen mit Respekt begegnet, passiert aber nichts. Also, behaltet sie bitte im Auge.«

Gerade als Luke die kleine Sanddüne, auf der wir standen, hinuntergerutscht war und ich mich zu Sam umschauen wollte, raschelte es lautstark im Gebüsch unterhalb unserer Füße und pfeilschnell schoss ein Krokodil daraus hervor. Ich erschrak heftig und brauchte ein paar Sekunden, um wieder zur Ruhe zu kommen. Zum Glück war die Echse noch ein Jungtier, ich schätze knapp unter einem Meter Körperlänge, und zischte Richtung Fluss ab.

»Der Wahnsinn. Hier muss man schon ganz anders aufpassen als in Deutschland«, sagte ich noch etwas erschrocken keuchend.

»Komm, wir gehen zu den anderen und sagen ihnen, dass die Elefanten schon wieder weg sind. Aber wo sind nur die Löwen? Die bereiten mir ein bisschen Sorgen«, meinte Sam, sich stetig umschauend. Kaum hatten wir die Düne verlassen und uns auf den Weg zu Luke und Stefan gemacht, riefen sie uns schon von Weitem aufgeregt zu.

»Luke hat einen Wasserbock gefunden. Kommt und schaut ihn euch an!«, rief Stefan. Wir beeilten uns, um nichts zu verpassen. Die beiden standen unterhalb des steilen Abhangs, auf dessen Plateau wir die Löwenspuren entdeckt hatten. Zu ihren Füßen lag der ausgeweidete, von Fliegen umsurrte Kadaver eines kürzlich erlegten Wasserbocks. Er lag mit den Gliedern weit von sich gestreckt da, regungslos und in schmerzlich gekrümmter Haltung, die den verdrehten Körpern von besessenen Personen aus Exorzisten-Filmen glich. Sein Bauch war aufgeschlitzt, und die Gedärme und Innereien hingen wie überfette Maden vor ihm auf der Erde. Die Augen weit aufgerissen, mit überdehntem, nach hinten abgeknicktem Hals lag er da. In der Nacht war er wahrscheinlich von der Klippe gestürzt und hatte sich die Beine bei dem Versuch gebrochen, einem jagenden Löwen zu entfliehen. Danach fielen sie über ihn her, fraßen die halbe Bauchdecke mitsamt Rippen und zogen am frühen Morgen satt und zufrieden von dannen.

»Löwen kommen immer wieder zu einem Kadaver zurück, um an ihm weiter zu fressen«, erklärte Stefan. »Sie jagen in den Morgenstunden und kommen abends wieder. Es ist unwahrscheinlich, aber nicht unmöglich, dass sie noch in der Nähe sind. Ich wäre dafür, dass wir uns vom Kadaver entfernen, um nicht doch versehentlich zwischen ihnen und ihrer Beute zu stehen. Außerdem habe ich ja auch noch Besuch im Haus. Mal sehen, ob die Jungs wach sind. Sie sind ja gestern Nacht noch angekommen. Da habt ihr schon geschlafen«, sagte Stefan und zwinkerte uns zu.

Bereits an der Grundstückstür wurden wir von drei sehr aufgeweckten Deutschen in Empfang genommen. »Wir dachten schon, du wärst fort und hättest uns hier allein gelassen«, sagte einer der Männer zu Stefan und umarmte ihn. Sie schienen sich gut zu kennen.

»Hi, ich bin David. Schön, euch zu sehen. Seid ihr das erste Mal in Afrika?«, fragte er und reichte uns die Hand. »Das sind Patrick und Jonas. Wir kommen aus Berlin und machen hier jedes Jahr Urlaub. Fantastischer Ort, oder?«

Nach der Vorstellungsrunde berichteten wir von den gerade erlebten Ereignissen und hatten direkt das Gefühl, neue Freunde gewonnen zu haben.

»Wir kommen seit Jahren hierher, aber das haben wir noch nie erlebt«, meinte Jonas sichtlich beeindruckt von unserer Geschichte.

In den nächsten Tagen verbrachten wir viel Zeit mit den Jungs. Sie nahmen uns in ihrem Mietwagen mit auf Sightseeingtour rund um und in den Kruger-Nationalpark. Die drei waren auf der Suche nach einer Immobilie und einem großflächigen Stück Land für eine eigene Lodge mit weitläufigem Safari-Terrain.

»Wir sind seit zwei Jahren auf der Suche, haben aber noch nicht das Passende gefunden. Entweder zu klein oder zu teuer«, erklärte David. Auch jetzt waren sie wieder in Sachen Immobiliensuche hier, und so schauten wir uns in den nächsten vier Tagen so manche zum Verkauf stehende Lodge an, machten viele Safari-Touren und verlebten ereignisreiche Tage in einem Land, das uns in kürzester Zeit unheimlich ans Herz wuchs. Einmal nahm uns Stefan mit auf einen Abstecher nach Phalaborwa, wo wir wieder etwas Zivilisation atmen konnten. Der Ladenbetreiber des kleinen Supermarktes, in dem wir bei unserer Ankunft schon einen Großeinkauf getätigt hatten, erzählte uns, dass vor ein paar Tagen hinter seinem Geschäft unweit des Grenzzaunes zum Reservat zwei junge Männer von Löwen gerissen wurden. Ich traute meinen Ohren kaum. Mitten im Ort. Die Löwen mussten extrem hungrig gewesen sein, wenn sie sich so nah an die Menschen herantrauten.

»Man fand am nächsten Morgen nur noch ihre kärglichen Überreste«, erzählte der Ladenbesitzer mit dramatischem Unterton. Ich fand die Erzählung abartig und spannend zugleich. Es ist ein zweischneidiges Schwert, wo man als Mensch die Grenze zwischen Zivilisation und Natur ziehen sollte. Die Löwen wurden von Rangern erschossen. Das musste sein. Aber das war kein Zeichen dafür, dass man grundsätzlich Löwen in diesem Gebiet zum Abschuss freigeben sollte.

In einer kleinen Buchhandlung blätterte ich in einem Buch über die Zeit der Apartheid herum. Stefan und Sam waren noch im Supermarkt, und ich hatte etwas Zeit. Ich las, dass sich früher vor allem in ländlichen Gebieten die einheimische Bevölkerung ab 21 Uhr aus der Stadt zu schleichen hatte. Es war nur der »weißen« Bevölkerung gestattet, sich danach noch frei auf der Straße zu bewegen. Auch gab es eine Ausweispflicht für »Schwarze«, die, wenn sie die Papiere nicht immer bei sich trugen und ohne diese kontrolliert wurden, mit Festnahme und Bestrafung rechnen mussten. Beziehungen zwischen »schwarzen« und »weißen« Frauen und Männern waren beiden Seiten strengstens untersagt. Selbst das Mitfahren auf dem vorderen Beifahrersitz stand unter Strafe. »Schwarze« hatten per Gesetz hinten zu sitzen oder auf der Ladefläche eines Autos Platz zu finden. Es gab Bürgersteige und sogar Parkbänke, die ausschließlich »Weißen« vorbehalten waren, und »Schwarzen« war es verboten, ein Bankkonto zu besitzen. Beschämt von so viel Intoleranz und Ungerechtigkeit legte ich das Buch beiseite. Seit dem offiziellen Ende der Apartheit und der Präsidentschaft Nelson Mandelas hatte sich sehr viel geändert, merkte ich.

Die Tage zogen an uns vorüber wie ein Schwarm früchtesuchender Flughunde, und ehe wir uns versahen, stand die Abreise kurz bevor. Der eigentliche Grund meiner Reise war bei aller Afrika-Euphorie meinerseits ganz in den Hintergrund geraten, und so begann ich mit meiner Arbeit erst einen Tag vor dem Heimreiseflug. Stefan war, wie jeden Morgen, beizeiten wach. In Südafrika geht die Sonne schon um achtzehn Uhr unter, deshalb muss man den Tag frühzeitig beginnen.

»Schön, dass du schon munter bist«, meinte er, als ich aus dem Wintergarten geschlurft kam. »Ich habe schon angefangen, ein paar Sachen, die ich verkaufen würde, bereitzustellen. Aber sieh dich ruhig noch einmal genau im Haus um und sag mir, wenn dir etwas gefällt. Ich lass da mit mir reden.«

Ich trat an den großen runden Esszimmertisch mit der beigen Marmorplatte heran und begutachtete die Funde, die Stefan dort aufgebaut hatte. Im Zentrum lag eine moderne, große, viereckige Schatulle, die mit Rochenhaut bespannt war und in welche in asymmetrischer Ordnung kleine und große, bullaugenartige Perlmutteinlagen intarsiert waren. Das Innere war stoffbespannt und mit zierlichen Nieten ausgeschlagen. »Eine Eigenkreation von mir«, grinste Stefan. Daneben standen zwei kleine, aus flachem Glas auf einem Marmorsockel geschnittene Art-déco-Uhren, deren Werk nur vom aufrechtstehenden, dünnen Glas, auf welches das Zifferblatt gemalt war, gehalten wurde. Es waren No-Name-Produkte. Womöglich aus Frankreich. Ich zog beide Uhren auf und ihr lautes Ticken durchrang die morgendliche Stille, die noch immer schwer und schläfrig wie ein unsichtbarer Vorhang alles im Raum zu Boden drückte. Ich blickte auf meine Armbanduhr. 5:47 Uhr.

»Ich hoffe, wir wecken Rose, Luke und Sam nicht auf mit unserem Gepolter«, sagte ich scherzhaft und griff nach einer weiteren Uhr. Es war eine Tischuhr oder genauer eine Pendulette der Marke Jaeger-LeCoultre, einem der führenden Hersteller von Luxusuhren in der Schweiz. Sie bestach durch ihr schlichtes, modernes Design aus Stahl und Glas. Der Sockel bestand aus schwarzem Marmor, auf dem ein flacher, viereckiger Stahlkasten montiert war, in dem frontseitig das Glas für die handgemalten Ziffern und rückseitig ein Glas mit dem montierten, wunderschön gearbeiteten Uhrwerk angebracht waren. Über den Zeigern stand der Firmenname zu lesen. Eine solche Uhr hatte ich bereits einmal in den Händen gehalten und verkauft. In diesem Zustand dürfte sie bis 1.500 Euro wert sein, dachte ich bei mir, und Stefan sagte in dem Moment genau dasselbe zu mir, sodass ich ein wenig schmunzeln musste. Ich merkte, dass er keine übersteigerten Preisvorstellungen hatte, und fragte ihn nach seinem Verkaufspreis für diese Uhr.

»Hmm, ich würde sie so bei 800 Euro für dich im Einkauf sehen. Was denkst du?« Stefan war Realist. Er hatte sich vorher informiert und wusste, dass ein Händler wie ich noch ein paar Euro verdienen muss. So kalkulierte er seinen Preis absolut korrekt und nahm meinen Preisvorschlag vorweg.

»Ich glaube, die größte Hürde wird nicht die Verhandlung mit dir, sondern solch fragile Objekte heil nach Deutschland zu transportieren«, sagte ich, mich jedoch sehr darüber freuend, dass der geschäftliche Teil zu beiderseitiger Zufriedenheit abzulaufen schien.

»Schauen wir mal, was wir am Ende so alles finden. Vielleicht machst du mir ja noch einen kleinen Mengenrabatt«, sagte ich verschmitzt und wandte meine Aufmerksamkeit wieder den Objekten auf dem Tisch zu. Rechterhand, nahe der Tischkante, stand eine weitere Uhr, aus Bernstein gefertigt, mit einem pyramidal gezackten, sich verjüngenden Sockel und einem runden Zifferblatt, auf dem aus Messing gefertigte Zahlen prangten. Die komplette Uhr war mit Bernstein in verschiedenen Größen und Farben, geometrisch angeordnet, ummantelt. Ich drehte sie um und fand eine ziselierte Plakette, auf welcher deutlich zu lesen stand: »Angefertigt in den Werkstätten der Staatlichen Bernsteinmanufaktur Königsberg Pr.«

»Ich kenne von den Königsberger Werkstätten nur Schatullen. Dass die auch Uhren aus Bernstein hergestellt haben, ist mir neu«, meinte ich anerkennend und stellte sie wieder auf den Tisch zurück.

»Doch, doch. Die gibt es. Wurden aber selten gefertigt und waren damals schon sehr teuer. Typische Art-déco-Form, aber mit dem Bernstein etwas ganz Besonderes«, fand Stefan. »Apropos Bernstein. Von den Schatullen, von denen du gesprochen hast, habe ich einige. Irgendwo in den Schränken müssen sie sein. Ich schau mal kurz, ob ich sie finde.« Mit diesen Worten verschwand er in den Weiten seines Hauses. Da ich alle Objekte auf dem Tisch in Augenschein genommen hatte, blickte ich mich noch einmal in der Wohnung um. Dabei fielen mir zwei große Hängeleuchter aus vergoldetem Eisen auf, die links und rechts eines halbhohen Art-déco-Buffets im Esszimmer an der Decke hingen. Sie sahen aus wie zusammengeballtes, ineinander verschränktes Astwerk und erinnerten in ihrer Form an die Geweihmöbel des 18. Jahrhunderts und des Historismus. Damals gab es in adligen Häusern sogenannte Jagdzimmer, welche ihrem Anlass entsprechend mit allerhand jagdlichem Gewerk ausgestattet waren. Das Mobiliar in diesen Räumlichkeiten – Tische, Stühle und auch die Leuchter – bestanden aus zusammengefügten Geweihen von Hirschen, Rehen oder Elchen und waren zwar alles andere als bequem, gehörten jedoch zu einer Art Statussymbolik der herrschenden Oberschicht. Die Leuchter in Stefans Haus waren jedoch weitaus edler in Material und Design und würden auch heute noch sehr gut in moderne Wohnungseinrichtungen passen. Von Verästlungen umrahmt, zierte ein bläulich schimmernder, kopfüber hängender Kristall die leere Mitte der beiden Leuchter.

»Kannst du mir etwas zu den Lampen im Esszimmer sagen?«, rief ich, ohne recht zu wissen, wo Stefan gerade steckte. Nach einer kurzen Weile schallte es aus einem der Nebenzimmer zurück: »Die habe ich in den Achtzigerjahren mal auf einer

Kunstmesse gekauft. Der Künstler war damals noch recht unbekannt, aber seine Werke und gerade seine Einrichtungen kosten heute ein Vermögen. Hervé van der Straeten heißt der Mann.«

Ich zückte sofort mein Smartphone und recherchierte den Namen. Der französische Künstler war immer noch tätig und man konnte seine Designs nach wie vor erwerben. Diese Lampen jedoch fand ich nur in bestimmten Auktionshäusern mit Verkaufspreisen, die mir den Verstand raubten. Erst in diesem Jahr wurde eine Lampe van der Straetens in London für 35.500 Euro und ein Jahr zuvor für 34.363 Euro in einem Auktionshaus verkauft. Ich hielt den Atem an und schaute ungläubig von meinem Smartphone zu den beiden Leuchtern und wieder auf das Gerät. Na, einen Versuch war's wert.

»Ähm, Stefan? Was willst du für die Leuchter haben?«, fragte ich und kniff in Erwartung eines horrenden Preises die Augen zu. Stefan kam zu mir und schien schon wieder etwas zu suchen.

»Ach, die wollte ich eigentlich im Haus hängen lassen und sie ins Inventar einrechnen, wenn ich einen Käufer für das Grundstück gefunden habe. Irgendwo habe ich das gesamte Inventar mit meinen Preisvorstellungen notiert, warte kurz.«

Er zog unter einem Stapel Wohnungseinrichtungs-Zeitschriften einen Block mit einer langen, mehrseitigen Liste hervor, in der er nun emsig blätterte. »Ach, hier steht es. Ich hatte damals mal 14.000 D-Mark bezahlt. Das war aber für drei Leuchter und zwei Gardinenendstücke von van der Straeten.«

»Moment«, hielt ich Stefan in seinen Ausführungen auf, »drei Leuchter?«

»Ja. Die beiden Lampen über dem Buffet, die Gardinenendstücke im Wohnzimmer über dem Fenster und der große Deckenleuchter, der hier über dem Esszimmertisch hängt.« Ich blickte mich um. Im Wohnzimmer entdeckte ich die Gardinenhalterungen. Sie glichen den Lampen, die ich schon kannte, und gehörten wohl zur selben Kollektion. Im Esszimmer fiel mir nun auch der riesige runde Deckenleuchter auf, den Stefan gemeint hatte. Er hing mittig über dem darunter befindlichen Tisch und verbreitete mit seiner vergoldeten Oberfläche ein bezauberndes Licht im gesamten Raum. Er maß im Durchmesser mindestens 1,80 Meter und kam der Machart der Leuchter und der Gardinen gleich.

»Ich habe diese Stücke mit 7.000 Euro ins Inventar eingerechnet«, meinte Stefan, und mir fiel fast die Kinnlade herunter.

»Stefan, das ist viel zu wenig. Schau mal hier.« Ich zeigte ihm, was meine Recherche ergeben hatte. »Ich kann die Leuchter nicht mitnehmen, aber ich empfehle dir, entweder den Preis zu ändern oder dich bei mir in Deutschland im Lager einmal umzusehen, und wenn du etwas für dein neues Haus findest, nehme ich die Leuchter in Zahlung. Dann müssen wir sie nur nach Deutschland bekommen, aber das ist erst mal Zukunftsmusik.«

Stefan war perplex von den Preisen, die er gesehen hatte, und bedankte sich bei mir für den netten Ratschlag. Er würde darauf zurückkommen und mich über jeden die Leuchter betreffenden Schritt auf dem Laufenden halten.

Wir durchsuchten das Haus noch eine ganze Weile nach brauchbaren Antiquitäten, die nicht zu groß waren, um sie im Koffer oder im Handgepäck zu verstauen, fanden jedoch nichts mehr, das mein Interesse weckte. »Ich denke, wir haben eh schon fast zu viel gefunden. Ich habe ja nur begrenzt Platz. Und die Sachen sollen auch heil zuhause ankommen«, meinte ich schließlich. »Ich fange mal an einzupacken.«

Ich wickelte die Uhren allesamt in dicke Laken aus derbem Leinenstoff ein. Eine kleinere Uhr fand Platz in der Rochenhautschatulle. Stefan hatte noch Bernsteinkästen finden können, die ebenfalls aus den Königsberger Bernsteinmanufakturen stammten. Ich verstaute sie so in meinem Koffer, dass sie die Uhren am Herumrutschen hinderten. Glücklicherweise hatte ich in Deutschland schon bedacht, dass ich sicherlich Stauraum brauchen könnte und mich beim Packen nur auf das Wesentliche konzentriert.

Ich freute mich riesig über den wunderbaren Ausgang dieser Geschäftsreise, und als wir am nächsten Tag unsere Koffer auf den Rücksitz von Stefans Landrover verstauten, um zum Flughafen zu fahren, hatte ich nicht nur ein paar wirklich besondere Stücke erworben. Wir hatten eine wundervolle Reise erlebt, Land und Leute kennengelernt, viele neue Erfahrungen machen dürfen und in Stefan einen neuen Freund und Vertrauten gefunden, dem wir schwören mussten, ihn in Afrika oder in Deutschland beizeiten wieder besuchen zu kommen.

Am Flughafen angekommen, gaben wir unser Gepäck auf, dass wir zuvor mit Klarsichtfolie umwickeln ließen, damit die Objekte im Inneren die Reise so geschützt wie nur möglich antreten konnten. Unsere Koffer schoben wir auf die Förderbänder zur Kontrolle. Sams Koffer lag vor meinem und passierte nach kurzem Durchleuchten unbedarft den Sicherheitscheck. Nun war mein Koffer an der Reihe. Die Flughafenmitarbeiter hatten nicht viel zu tun und so redeten sie ausgelassen und waren guter Stimmung, bis das Gerät beim Durchleuchten meines Koffers laut zu piepen begann und somit sämtliches Sicherheitspersonal augenblicklich in Alarmbereitschaft versetzte. Ich wurde etwas nervös. Man bat mich zu warten. Innerhalb weniger Minuten bildete sich eine kleine, aufgeregt diskutierende Menschentraube um den Bildschirm des Röntgengeräts.

»Ist das Ihr Koffer?«, frage eine nachdrückliche, ruhige Stimme brummig aus einer Ecke des Kontrollbereiches, und ein großer muskulöser Mann trat auf mich zu.

»Ähm. Ja. Genau«, gab ich etwas verhalten zu verstehen.

»Wir haben da etwas entdeckt. Kommen Sie mal hier vor, bitte«, bat er mich, und ich ging, die Arme ausgestreckt, durch einen Personenscanner. Er piepte. War ja klar, dachte ich bei mir, wie jedes Mal, wenn ich durch die Flughafenkontrollen muss. Bei meinem Gesichtsschmuck ist es aber auch kein Wunder. Der Beamte wartete geduldig auf mich, und ein anderer scannte meinen Körper nach eventuell versteckten Metallobjekten ab.

»Schuhe bitte ausziehen.«

Warum trug ich aber auch immer diese Boots, wo ich doch wusste, dass ich sie immer ausziehen musste, wenn es um Kontrollen ging. Ich tat, was der Mann sagte, und nachdem er sie überprüft hatte, schnürte ich sie wieder an meine Füße.

»Alles okay. Gehen Sie bitte zu meinem Kollegen«, lautete seine Anweisung. Der Kollege wartete am Band zusammen mit meinem Koffer auf mich. Er drehte ein schwenkbares Display zu mir herüber und sah mich durchdringend an.

»Was ist das?«

»Eine Art-déco-Uhr«, meinte ich, als wäre es das Normalste auf der Welt, bei der Abreise aus Afrika eine gläserne Uhr aus den Zwanzigerjahren bei sich zu führen.

»Und das?«, fragte der Mann weiter.

»Das ist auch eine Uhr. Sie steht hochkant und ist sehr flach. Da ...«, führte ich aus und zeigte mit dem Finger auf die Stelle, die ich meinte, »kann man das Uhrwerk erkennen.«

Der Mann sah mich ungläubig an. Nach einer kurzen Pause fuhr er fort: »Okay. Und das hier?«

Jetzt war die Jeager-LeCoultre-Uhr an die Reihe.

»Ebenfalls eine Uhr«, erklärte ich. »Genau wie die da auch. Die ist noch einmal extra verpackt in einem Karton.« Ich tippte auf dem Display auf die Bernsteinuhr. »Und das hier drüben sind Bernsteinschatullen.« Ich sah, dass er mir nicht so richtig folgen konnte. Eine Kollegin des Sicherheitsdienstes beobachtete die ganze Szenerie und war bei jeder seiner Fragen ein Stück nähergekommen.

»Aufmachen, bitte«, sagte sie rigoros. Es half nichts. Der frisch verschnürte Koffer wurde mit einem Messer aus der Folie geschält, und ich musste jedes einzelne Objekt, welche ich in Kleinstarbeit wie bei Tetris bruchsicher und platzsparend angeordnet hatte, auspacken und vorführen. Hinter mir staute sich nun durch die gesamte Prozedur eine Menschenmenge, die ungeduldig auf den Durchlass wartete und befürchtete, den Flieger zu verpassen. Alle Objekte lagen nun auf dem Boden. Ich kniete daneben und erklärte dem Flughafenpersonal, dass ich wirklich keine bösen Absichten und nichts Schlimmes damit vorhatte, dass keine Drähte zur Zündung von Bombensprengköpfen gezogen waren und ich diese Objekte in Südafrika rechtmäßig erworben hatte, um sie heil nach Deutschland zu bringen.

Nach langem Analysieren und einer weitreichenden Aufregung wurde mir gestattet, alles wieder einzupacken, den Koffer noch einmal umwickeln zu lassen und die Reise nach Deutschland anzutreten. Stefan und Sam hatten es sich bereits auf einer Bank mit einigen Knabbereien und Getränken aus dem Kiosk gemütlich gemacht, als ich zu ihnen stieß.

»Die antiken Bomben sind verladen«, lachte ich witzelnd zu den beiden.

»Durftest du alles mitnehmen?«, fragte Stefan, und ich nickte erleichtert. »Na, wunderbar. Dann müssen wir nur noch Daumen drücken. Bis nach Leipzig ist ja noch eine ganz schöne

Strecke. Es war so schön, dass ihr da wart. Ich hoffe, wir sehen uns bald wieder.«

Über die Lautsprecher wurde unser Flug aufgerufen, und die kleine Maschine Richtung Johannesburg quietschte bereits über die Landebahn.

»Wir haben uns auch sehr gefreut, hier gewesen zu sein. Bleib so, wie du bist, Stefan. Und viel Erfolg beim Hausverkauf. Du hast uns zehn großartige Tage verschafft. Danke für alles«, sagte ich, und wir umarmten uns zum Abschied. Ich sah auch Sam die Enttäuschung darüber, dass alles so schnell vorübergegangen war, an. Wir sagten noch viele Male auf Wiedersehen und schlenderten dann leicht betrübt, doch die Herzen gefüllt mit Erlebnissen, Bildern und Geschichten einer tollen Zeit, an die wir uns noch lange erinnern werden, zum Gate. Als der Flieger startete und abhob und das karge Land zu unseren Füßen immer kleiner wurde, fasste ich heimlich und im Stillen den Entschluss, bald wieder hierher zurückzukommen. Afrika hatte mein Herz im Sturm erobert.

Nachwort

Während ich diese Zeilen schreibe, sitze ich bereits zum zweiten Mal in der buschbestandenen Savanne Afrikas, lausche den Rufen der Paviane und lasse meinen Blick über die karge Landschaft schweifen, in der vereinzelte Impala-Antilopen mit dem gleichfarbigen beige-braunen Hintergrund zu verschmelzen scheinen. Das monotone Surren der Zikaden in der Mittagsglut trägt sich weit hin über die Hügel bis zum Horizont und nimmt meine Gedanken mit. Ich habe die Leuchter abgeholt, die ich bei meinem letzten Besuch hängenlassen musste. Sie werden nun verschifft und mit einer Spedition zu mir nach Deutschland gebracht, und ich denke immer wieder, wie surreal diese Situation wirkt. Ich habe meinen ersten internationalen Auftrag hinter mir. Dass mich der Antikhandel einmal nach Afrika bringen würde, hielt ich nicht für möglich. Ebenso wenig hatte ich geglaubt, dass meine Leidenschaft zu Antiquitäten mir einen Weg ins Fernsehen ermöglichen würde. Doch beides ist geschehen. Für mich ist es nicht wichtig, zu wissen, was die Zukunft bringen wird. Ich möchte meine Gedanken nicht zu sehr an einen festen Lebensplan binden. Vielmehr ist der Plan das Leben selbst, mit all seinen gewundenen Pfaden, die sich durch Höhen und Tiefen schlängeln. Ab und an ergießt sich der Fluss des Lebens in einem tosenden Wasserfall zu Boden und bäumt seine Wogen zu Schaumkronen auf, doch schon bald fließt er wieder ruhig und beständig dahin. Die Frage, ob unser Leben auf vorherbestimmten Bahnen daherkommt, ist meiner Ansicht nach irrelevant. Ich möchte mein Leben in meinen eigenen Händen wissen und mich nicht durch Fremdbestimmung leiten lassen. Alles Tun und Lassen soll in Eigenverantwortung geschehen und die Konsequenzen, positiv wie auch negativ, sollen mich in direkter Weise berühren und beeinflussen. Das Streben nach Glück ist ein endloses Wettrennen, wenn man es nicht im Streben selbst findet und verankert. Ich habe mein Glück gefunden und solange das Leben weitere materielle und immaterielle Schätze für mich bereithält und ich mich auf Schatzsuche begeben kann, wird es mich, da bin ich sicher, auch nicht verlassen.

Glossar

Acrylmalerei: Malerei mit Acrylfarben, also wasserlöslichen, stark deckenden, zähflüssigen Farbmitteln, die auf Kunst- oder Echtharzen basieren. Da die Farben recht schnell trocknen, lassen sich mehrere Schichten innerhalb kurzer Zeit übereinander auftragen. Acrylfarben werden seit der zweiten Hälfte des 20. Jahrhunderts in der Malerei verwendet.

Akoyaperle: Schimmernd glänzende Salzwasser-Zuchtperle aus Japan oder China.

Aquarellmalerei: Malerei mit nichtdeckenden Wasserfarben. Diese Aquarellfarben bestehen aus feinen Pigmenten und wasserlöslichen Bindemitteln, die einen nicht deckenden Farbauftrag ermöglichen, der den Malgrund durchscheinen lässt.

Art nouveau: In Großbritannien, den USA und Frankreich verwendete Bezeichnung für die kunstgeschichtliche Epoche des Jugendstils (zwischen 1890 and 1910).

Firnis: Transparenter Anstrich, der aus in Lösemittel gelöstem Bindemittel besteht. Er kommt zur Oberflächenversiegelung von Gemälden zum Einsatz und kann auch aus ästhetischen Gründen Gebrauch finden. Firnis hält Staub und Schmutz von

Gemälden fern und lässt die Farben intensiver strahlen. Er wird auch zur fälschlichen Alterung von Kunstwerken verwendet.

Garderobenschere: In rhombusartiger Form ineinander gesteckte Holz oder Metallstreben, welche bei Zug auf beiden Seiten längenverstellbar und mit Haken versehen als Garderobenständer dienlich sind.

Goldener Schnitt: Proportionsregel, die seit der Antike in Kunstwerken und der Architektur Anwendung findet. Der Goldene Schnitt bezeichnet die Teilung einer Strecke in der Weise, dass sich der kleinere Abschnitt im Verhältnis zum größeren Abschnitt so verhält wie der größere Abschnitt zur gesamten Strecke.

Gouachemalerei: Malerei mit Gouachefarben. Die industriell hergestellten Gouachefarben bestehen aus groben Pigmenten, Kreide und dem wasserlöslichen Bindemittel Gummi Arabicum. Im Gegensatz zur Aquarellfarbe wird die Gouachefarbe meistens deckend aufgetragen.

Kanapee: Gepolstertes mehrsitziges Sitz- und Liegemöbel.

Konvolut: Beinhaltet mehrere Objekte, welche zu einem Posten, zum Beispiel bei Preisverhandlungen, zusammengenommen werden.

Murano-Glas: Besonders edles farbenfrohes Glas, das von Glaskünstlern auf der Insel Murano, bei Venedig, in Handarbeit hergestellt wird.

Ölmalerei: Die meist vertretene Gattung der Malerei. Ölfarben basieren auf aushärtenden Ölen und diversen Bindemitteln und haben eine besonders lange Trocknungszeit. Ölfarben können nicht mit Wasser verdünnt werden und sind in getrockneten Zustand wasserfest und äußerst haltbar.

Op-Art: Abkürzung für den englischen Begriff »optical art«. Op-Art ist eine in den 1950er-Jahren entstandene Kunstrichtung, die auf einer optischen Täuschung des Betrachters basiert und sich einer reduzierten geometrischen Formensprache bedient.

Pastellmalerei: Pastellfarben oder -kreiden sind Farbmittel, bei denen Farbpigmente mit Bindemitteln verbunden und anschließend in Form gepresst werden. Pastellfarben werden meist mit den Händen auf den Malgrund aufgebracht.

Pastoser Farbauftrag: Technik der Malerei, bei welcher zähflüssige Malmittel, vor allem Ölfarben, mit Pinsel oder Spachtel so auf den Malgrund aufgetragen werden, dass eine reliefartige Fläche entsteht.

Pfeilerkommode: Kleinmöbel in der Art einer Kommode mit Schubläden, deren Konstruktion jedoch eher schmaler und höher ausgeführt wird, wodurch sie mehr Stauraum bei geringerem Platzverbrauch bietet.

Punze: In Gegenstände aus Edelmetall eingeschlagenes Zeichen, das den Feingehalt und die Herkunft des betreffenden Objektes kennzeichnet.

Rötelzeichnung: Mit Rötel ausgeführte Zeichnung. Als Rötel wird eine Mineralfarbe aus einem weichen Gemisch von Ton, Kreide und Hämatit (Eisenoxidmineral) in Stiftform bezeichnet. Ihre tiefrote Färbung verdankt die Farbe ihrem hohen Eisengehalt.

Turmalin: Hochwertiger Edelstein mit großer Farbvielfalt.

Vertiko: Möbel für den Wohnraum. Es dient meist im Wohnzimmer als Stauraum und bildet in seiner gestaltenreichen Form das Herzstück einer jeden Einrichtung. Oft bieten Vertikos Ablage- und Dekorationsmöglichkeiten für allerhand Nippes. Dieser Möbeltypus kam erstmals in der Zeit ab 1860 auf den Markt und hatte im Jugendstil seine Hochphase.

FABIAN KAHL

Der Schatzsucher

Auf der Jagd nach Kunst und Kuriositäten

Hörbuch | 6 CDs oder Download

UVP: € 16,95 (D) / € 19,10 (A)

ISBN 978-3-86847-421-3

Impressum

Fabian Kahl
Der Schatzsucher
Auf der Jagd nach Kunst und Kuriositäten
ISBN: 978-3-95910-151-6

Eden Books
Ein Verlag der Edel Germany GmbH
Copyright © 2018 Edel Germany GmbH, Neumühlen 17, 22763 Hamburg
www.edenbooks.de | www.facebook.com/EdenBooksBerlin | www.edel.com
1. Auflage 2018

Einige der Personen im Text sind aus Gründen des Persönlichkeitsschutzes
anonymisiert.

Projektkoordination: Nina Schumacher
Lektorat: Susanne Röltgen
Umschlaggestaltung und Bildteil: Favoritbüro| München
Umschlagfoto: © Nico Klein-Allermann
Illustrationen Innenteil: © LAATA9 / Shutterstock.com
Bildnachweis Bildteil: © Fabian Kahl
Layout und Satz: Datagrafix GmbH, Berlin| www.datagrafix.com
Druck und Bindung: optimal media GmbH, Glienholzweg 7, 17207 Röbel/
Müritz

Das FSC®-zertifizierte Papier *Holmen Book Cream* für dieses Buch lieferte
Holmen Paper, Hallstavik, Schweden.

Alle Rechte vorbehalten. All rights reserved. Das Werk darf – auch teilweise –
nur mit Genehmigung des Verlages wiedergegeben werden.

Printed in Germany

Dieses Buch ist auch als E-Book erhältlich.

Um die kulturelle Vielfalt zu erhalten, gibt es in Deutschland und in Österreich die gesetzliche Buchpreisbindung. Für Sie, liebe Leserin und lieber
Leser, bedeutet das, dass Ihr verlagsneues Buch jeweils überall dasselbe kostet, egal, ob Sie Ihre Bücher gern im Internet, in einer großen Buchhandlung
oder beim kleinen Buchhändler um die Ecke kaufen.